目錄

目錄

第3章 緊急情況我不怕 —— 緊急安全篇

目錄

前 言

如果有人問你，在這五彩繽紛的世界上，什麼東西最寶貴？什麼東西最重要？你會回答什麼？是愛情？是幸福？是生命？還是事業和金錢？……我相信，一千個人會有一千個答案。

如果讓我來回答的話，我會說，這個世界上最寶貴的，是生命；最重要的是安全。生命的寶貴眾所周知，而安全則是保護生命的有力武器。即便安全是如此的重要，卻常常被忽視。

安全對於每一個人來說都很重要：它是通往成功彼岸的橋梁，只有在確保安全的前提下，才能到達成功的彼岸，才能享受成功的喜悅；它又是培育幸福的樂土，只有在安全這片沃土的培育下，幸福之花才能隨時綻放在人生旅程中。

在市場競爭日益激烈的今天，安全事故能使任何一家企業走向衰敗與滅亡。每天，我們都能從各種媒體報導，甚至自己身邊，看到許多事故帶給個人、家庭以及社會帶來的損失與痛苦。可是從事故分析的結果上，我們卻又總能看見血淋淋的事實：那傷人性命、吞噬財產的熊熊烈火，可能就是那個忘記掐滅的菸頭；那墜入山谷，帶走幾十條珍貴人命的遊覽車，只是

前 言

因為那顆小小的螺絲釘沒有拴緊；而那被風浪捲入水底的船隻，也只因為多上了幾個旅客……。

隨著社會的發展，兒童的安全問題也越來越被大家所重視。一方面大家的工作越來越忙，競爭壓力也越來越大，在照顧小孩這方面，很多時候家長都會有些力不從心，都會覺得時間不夠；另一方面，社會中三代同堂，父母上班，祖父母帶孫兒的家庭也越來越少，有的祖父母還要上班，有的各自有自己的生活方式，更多的是請保姆來照顧小孩，可保姆畢竟是外人，這又給家長帶來了更多的擔憂。

做家長的都希望給孩子一個安全的童年，讓他們無憂無慮的長大。但是我們周圍關於孩子的安全問題每天都在發生，飲食安全、電器安全、人身安全、家庭裝潢安全、交通安全和旅行安全……這些安全事故給孩子帶來很大的傷害！媒體令人揪心的報導使父母心有餘悸，如果有一天類似的情況真的發生在孩子身上，給我們造成的創傷又該如何彌補。大量的研究資料顯示，「意外」是導致一至十四歲兒童首要致死致傷的原因，已經嚴重威脅著兒童的平安成長。

相關資料統計顯示：有一半的兒童意外受傷是發生在家庭

之中，另一半的兒童意外受傷是發生在戶外。而且，年齡越小的孩子，在家庭中發生意外傷害的機率也就越大；年齡越大的孩子，在戶外發生意外傷害的機率就越大。

孩子畢竟是孩子，他們年幼無知、活潑好動，對一切事物都充滿了好奇，渴望急切地熟悉和探索這個世界。但他們又思考能力不足，而且身體發育尚不完善，導致他們協調能力差、控制力不強，稍有疏忽，就會發生各種傷害事故。另外，在陰暗處，犯罪分子總是會盯上弱小又天真無邪的孩子，他們就像時刻準備做壞事的狼犬，伺機而動。父母一旦防範不足，孩子就可能受到他們的傷害，給原本幸福的家庭蒙上了彌久不散的陰影。

只是，目前在兒童安全問題上的防衛意識存在著各種的問題和不足。主要緣於防衛意識淡漠，防範措施不強。作為父母應該肩負起監督孩子及教育的責任，對兒童生活的環境及其中的一切事物保持「以防萬一」的警惕性，嚴格預防意外災害的發生，做兒童最好的安全守門員。嚴格來講，兒童的任何意外傷害都是可以預防且不該發生的。疏忽大意是發生意外的根源。

「千里之堤，潰於蟻穴」，古人一句話道出真理：大的事故

前言

往往起源於一些不經意的小事，但它們卻像導火線，引發那些家破人亡、無法補救的重大事故。

其實，在我們的生活中，我們每一個人都有能力將安全掌握在自己手上。當你進入危險場所穿戴好裝備，那就是安全；當你照著規定行動時，那就是安全；當你發現一個不起眼的安全隱患，並及時將它們消除時，那就是安全……。

安全就是那麼簡單，只要家長多注意孩子的一舉一動，教會孩子一些安全常識。那發生意外事故的機率就會降低不少。讓安全種在我們心中，只有這樣，安全才能常伴我們左右！

第 1 章

家中意外不容忽視 —— 家庭安全篇

吃東西噎住了 ——
幫孩子建立正確的飲食習慣

　　孩子不可能時時刻刻都在大人的眼皮子底下，即便孩子可以保證自己不離開大人的視線，但是百密一疏。況且，現在生活便利，孩子的飲食、玩具可以說是五花八門，這些小東西是幫助孩子解悶的最佳利器。但如果大人忽略這些「小玩意」的話，這些東西可能會對孩子造成意想不到的傷害。

　　我們有時會看到嬰兒或幼兒吃果凍被噎到的新聞，生活中常見的食物，如果家長疏忽大意，都有可能成為孩子的危險食物。而小孩子被食物噎住時，搶救的「黃金時間」是在一至四分鐘，四分鐘內還無法將堵塞物取出，那孩子窒息死亡的可能性就很大。如果出現窒息，但仍有心跳，只要盡快進行搶救，患兒都可以搶救回來。看到這裡，家長們的心估計都揪在一起了，這實在是太可怕了。當然，家長只要掌握正確的方法以及預防措施，這樣的意外事故是可以避免的。

【場景小故事】

　　李小姐將洗好的葡萄直接放在了茶几上，女兒看見桌子上一顆顆發亮的葡萄，直接自己動手拿葡萄吃了。可是過了沒多久，李小姐從廚房走出來，卻發現女兒好像被葡萄噎住了，躺在地上抽搐，臉都已經發紫了。看到這一幕，李小姐趕快給女

兒拍背，又急忙撥打了一一九叫救護車來，可是就在去醫院的途中，李小姐的女兒停止了呼吸！

【安全知識課堂】

孩子的生命要比成人的來的脆弱得多，他們的器官、身體系統尚未發育完全。如果在日常生活中，爸爸媽媽因為粗心大意，而將不可挽回的傷害帶給孩子。不管是對父母，還是孩子，這個傷口終將難癒！

為了孩子的健康成長，在生活中父母要做足功課，時刻保持警惕，一旦孩子出現什麼不對的情況，一定要及時處理。

如果是沒有長牙齒的嬰幼兒，家長不要給孩子吃花生、瓜子、開心果等較硬的食物。如果孩子非要吃，父母應該將其弄碎後讓孩子小心食用，家長要讓孩子坐下來，安靜、平靜地吃。即使是孩子吃飯時，家長也別去逗孩子笑，不能和他打打鬧鬧，也不要讓他端著碗到處跑。尤其需要注意，不能刺激或驚嚇他。孩子一受驚，非常容易噎到或嗆到。

不管大人還是小孩，一旦被桂圓一類的食品卡住氣管，都是十分危險的，由於異物完全堵塞氣管後會引起窒息，超過四分鐘便會危及生命，所以現場急救非常重要，迅速地解除異物卡喉引起的呼吸道阻塞。由於該情況來的突然且危險性大，因此，家長必須了解這些急救方法，才能即時挽救性命。

1　小孩吃東西時身旁隨時要有大人照顧，並保持坐姿，不要

讓小孩邊吃邊玩。孩子嘴裡含東西時、一定要讓他安靜地坐下來。

2　絕對不要讓孩子拿到容易吞咽的小東西，包括：玩具零件、別針、蠟筆、錢幣、小螺絲、大人的珠寶耳環等。

3　不要讓孩子吃太大的、硬的、圓形的食物，包括：熱狗、漢堡、花生、硬糖果、玉米粒、葡萄乾、豆子、切成小丁狀的蔬菜。

4　學會急救方法。看到小孩噎住東西時，先叫救護車（最好是請其他人幫忙叫）同時開始急救。方法如下：

A　一歲以上兒童的急救：至患者後方雙腳成弓箭步，前腳膝蓋置於患者胯下，上半身靠近患者或貼緊背部以防患者跌倒。一手握拳，拳眼面向肚子，抵住劍突尖端下方（約肚臍上緣）；另一手抱住放好之拳頭，然後雙手用力向病人的後上方，快速瞬間重複推擠，頻率約一秒一次。隨時留意是否有異物吐出，直到患者吐出異物或發覺患者失去意識為止。力道可視年齡差異或是喉嚨異物梗塞輕重程度減少。

B　一歲以下兒童的急救：將嬰兒雙腿跨坐在施救者的手臂上，面部朝下，將頭部放低。用一隻手托住嬰兒的顴骨、下顎及胸頸，小心不要蓋住口鼻。以另一隻手的掌根推打嬰兒背部，在兩肩胛骨之間推打五次，並隨時注意有無異物吐出。再將嬰兒翻面朝上，一手托住嬰兒後腦勺，另一隻手的兩指放置於嬰兒兩乳頭連線中點往下約一指處（避開腹部以免

壓迫肝臟），用力按壓五秒，深度約二點五公分，頻率約為一秒一次。用手指撥開嬰兒嘴巴，檢查有無異物吐出。重複以上步驟，直到異物吐出。

每個家長都不希望自己的孩子遇到不好的意外，但是總會有疏忽大意的時候，不過只要家長知道化解意外的方法，平時也幫助孩子建立正確的飲食習慣，不只發生意外的機率降低，更可以在危機關頭及時挽救。

被開水燙傷怎麼辦 —— 注意預防孩子被燒、燙傷

大多數孩子都愛動，但年齡尚小，動作協調性較差，如果家長在照顧孩子時粗心大意，孩子在家可能會發生燙傷、燒傷等意外事故。特別在夏天，孩子穿的衣服減少，不僅燙傷的事故逐漸增加，而且受傷程度也會嚴重很多。之所以會出現這些狀況，除了父母對孩子照顧不周外，也與孩子缺乏自我保護意識有關。燒傷、燙傷的意外事故是非常危險的，輕則會帶給孩子難忍的疼痛，重則會留下終身的疤痕或者殘疾甚至危及到生命。如果平常做好預防，掌握燙傷的急救常識，就可以避免意外或是把傷害降到最低。

在幼兒意外事故中，燙傷占很大比例，而這又往往與家庭護理的失誤有關。這是家長不得不做的功課。

【場景小故事】

　　放暑假了，為了讓孩子能夠有個快樂的假期。爸爸媽媽決定帶著四歲的甜甜一起出去旅遊。甜甜聽到這個消息後，高興得不得了，興奮地繞著客廳蹦蹦跳跳一圈又一圈，突然，一不小心撞倒了放在桌子上的熱水壺，開水頓時灑到了她的小腿上。甜甜痛得立即大哭起來，爸爸迅速抱起甜甜，把燙傷的部位在水龍頭下沖了將近半小時，然後將她的褲襪剪開脫下來，立即送甜甜去醫院治療。

　　醫生為甜甜敷了藥後，稱讚甜甜的爸爸對燙傷的急救處理及時、有效，大大減輕了孩子燙傷的程度，她的腿傷恢復後也不會留下明顯的疤痕。

【安全知識課堂】

　　由兒童燙傷基金會所作的調查中，零至六歲發生燒燙傷的比例為燒傷患者中的百分之二十三，其中以一歲（占比百分之三十四）為最多，兩歲（百分之二十九）居次，三歲（百分之十四）為第三。受傷原因以熱液燙傷百分之四十六最多，其中被熱開水、熱湯、熱飲料潑灑所造成的燙傷大量增加，因洗澡水過熱造成的則明顯下降。發生地點則以廚房最多，其次是客廳。

　　你的家中是否有一個安全的環境呢？如果等到燒燙傷發生後，再來慌張已經太遲，所以家長倒不如從嬰兒時期就為孩子準備一個不會發生燒燙傷意外的環境。特別要警惕孩子掉落熱

水浴缸中，因此而導致全身燙傷的意外最多。其實，只要花點心思，在浴室門口加個簡單的柵欄避免孩子闖入，這些不幸的意外都是可以避免的

其實與被火燒傷比起來，燙傷的危險係數並沒有低多少。所以，在日常生活中，作為家長不僅僅要防火，更要知道被火燒傷後怎麼治療。

應該注意以下幾點：

1　家長在給孩子洗澡時應該先放冷水再加熱水。如果先放熱水後加冷水，在倒入熱水後，家長又去準備冷水，假如這時站在一旁的孩子迫不及待地把手伸進去或將雙腳踏入盆裡，就會產生燙傷。家長也要教育孩子，看見滾燙的冒熱氣的水盆不要去碰，不要在開水壺、湯鍋附近玩耍，以免發生事故。

2　孩子的好奇心強，又好動，總愛到處跑，特別愛到桌面上去抓弄東西，有時稍不留神，剛剛端上來的熱菜、熱茶、粥湯之類的就會被弄翻，這樣也可能產生燙傷意外。因此，家長要囑咐孩子：對於剛盛出來的熱飯、熱湯等，不要擅自翻弄、觸碰。如果想食用就告訴爸爸媽媽，讓他們盛到小碗裡，等涼一下再吃。

3　有些家庭因為室內空間擁擠，常把暖爐放在門口或樓梯附近。孩子調皮，常在門口或樓梯口跑來跑去，不小心絆倒暖爐，就有可能被爐子或爐子裡滾燙的熱水燙傷。對於這些情況，家長要教導孩子，經過暖爐時要小心。

4　不要讓孩子玩家中的瓦斯開關，以防止瓦斯洩漏引起燒傷。父母要告訴孩子萬一自己真的被燒傷、燙傷了，也不必緊張。首先要遠離熱源，千萬不要去動受傷部位的衣物，應該先用冷水沖十五至三十分鐘，這樣可以減輕疼痛，降低受傷程度；然後再小心脫去衣物，最好用剪刀小心剪開。如果皮膚僅僅有點紅腫，而範圍較小，沒有起水泡，用燙傷藥膏塗抹即可。如果燙傷部位出現水泡，不要挑破，用乾淨紗布覆蓋，再用繃帶包紮好。對於面積較大的燙傷，則應用乾淨的棉質毛巾或紗布包住受傷部位，及時到醫院治療。

即便是爸爸媽媽再小心，孩子還是可能在爸爸媽媽疏忽的時候發生意外。所以一旦孩子出現燒傷、燙傷的情況，家人都應先冷靜下來，做好緊急處理，才能最大程度降低燒燙傷對皮膚所造成的傷害。當傷口範圍占身體面積的一到二成左右深度傷口時，都有入院治療的必要。燒燙傷大多無法立刻判斷嚴重程度，萬一受到感染還會讓深層皮膚組織產生病變，所以千萬要避免不乾淨的處理手法。

燒燙傷緊急處置的第一步，是降溫。穿著衣物被熱水潑灑到時，不要馬上脫下，等傷口降溫後再脫掉，用流動的水大量沖傷口，替傷口降溫。半小時以上的降溫時間即可。

冷水降溫不只可以延緩燒燙傷所引發傷害的速度，還具有鎮痛的效果，但最好不要塗抹藥膏。降溫後直接蓋上消毒過的

布、乾淨的手帕或紗布送往醫院治療。

在我們居家生活中，燙傷有時候是不可避免的，如果被燙傷了就緊急進行處理，懂得保護自己、保護孩子，弱小的孩子需要爸爸媽媽小心照顧才能健康快樂地長大，家長在提供孩子更好的物質條件之餘，應該盡量地為孩子營造一個安全舒適的環境，並且防患於未然。

會「咬人」的電風扇 —— 讓孩子遠離家用電器

對於孩子來說，夏天是個很受歡迎的季節，因為有長長的假期可以玩耍。在成人看來，夏天又熱又悶，實在是讓人提不起精神玩，但是這些問題在孩子眼裡都不重要。

的確，夏天一到，連續的高溫總會讓人吃不消，為了消暑，人們往往會打開電風扇。如此尋常的降溫方式，對於成人來說，確實能夠解熱，但對於不懂事的孩子來說有可能會成為隱患。

電風扇通電後會高速旋轉，孩子好奇心旺盛，經常會被轉動的扇葉所吸引，總想看看裡面的扇葉是怎麼運轉的，甚至會把手伸進去，這樣就很容易被扇葉刮傷。所以請家長務必要打起十二分的精神去注意讓孩子遠離電扇，享受涼爽，遠離危險。

【場景小故事】

場景一

夏媽媽由於中午天氣悶熱，她看到孩子滿身大汗，熱的有些不舒服。於是打開擺在茶几上的小電扇來驅熱降溫。

在陪兒子玩了十幾分鐘之後，夏媽媽就進廚房做午飯。幾分鐘後，正在炒菜的夏媽媽突然聽到兒子在客廳裡哇哇大哭起來。她立刻停下手中的工作跑到客廳去，只見兩歲多的兒子坐在地上舉著右手，大哭不止，食指不停地往下滴血。她這才發現，她沒有將電扇關掉，還把兒子一個人留在客廳裡玩耍。孩子由於好奇將手指伸入風扇裡，被扇葉刮傷。

夏媽媽為兒子簡單包紮，抱著孩子急忙趕到醫院。醫生診斷後告訴夏媽媽：「幸好孩子的手指沒傷及骨頭，僅是刮了一小塊肉。如果往裡再伸一點點，手指就很有可能會被削斷。」這件事情之後，夏媽媽再也不敢讓兒子一個人吹電扇了，並時刻告誡兒子，千萬不要去摸轉動著的風扇。

場景二

在社區附近的一家水果店裡，一個貪玩的小男孩不時地往轉著的風扇內塞雜物。只見小男孩把一個塑膠袋塞入風扇內，塑膠袋跟著風葉呼呼轉個不停。

有幾位顧客告訴小朋友這樣做不安全，可小孩玩正高興，哪裡聽得進去，只是看了客人一眼，轉身拿來一根十公分長的

小木條，直接放入電風扇內。要阻止已來不及了，只聽見「嘣，
嘣」幾聲，那根小木條被打斷，彈出來的碎木把小孩的臉割出了
幾道傷痕，孩子大哭起來。家長聽到哭聲，急忙趕過去，發現
小孩臉部已經被飛出來的木屑割傷，急忙關閉電風扇。

　　看到這驚心的一幕，好多顧客不禁心裡發麻，還好碎木只
是割傷孩子的臉，要是飛出來的木屑刺中孩子的眼睛，後果不
堪設想。

【安全知識課堂】

為了防止孩子觸摸電扇受傷，家長應注意以下幾點：

1　將電風扇放到孩子碰不到的地方，用完後及時收起來。即
　　使電扇關閉，不可掉以輕心，一旦養成孩子手摸電扇的壞
　　習慣，電扇打開時孩子也照摸，很容易發生意外。

2　要跟孩子說清楚，不要去觸碰正在運作的電器，以防止受
　　傷。準備一根芹菜或者紅蘿蔔，當電扇轉動時往裡插，讓
　　孩子看看菜是怎麼被切斷的。用替代經驗的方式讓孩子警
　　惕，以此告訴他不要把手指伸進電風扇內。

3　多注意電扇的保養，選用的電扇要品質可靠，符合安
　　全標準。

4　家中的電風扇最好不要使用落地式的。移動或搬運時要關
　　掉電風扇。使用時，與人保持距離。

5　電扇的電源線必須有地線保護裝置，不要長時間讓孩子吹
　　電風扇。

意外的發生總是源於粗心和不注意，如果我們用人為的方法去避免意外的發生，何樂而不為呢？

電源插座不能玩 —— 警惕孩子觸電危險

事實上，大多數兒童都有十分強烈的好奇心和求知欲。很多小朋友除了是「十萬個為什麼寶寶」，還是「超人」、「破壞王」、「拆卸工人」。很多家長都有這樣的經歷：這邊剛把炒好的菜端上桌子，回到廚房就見孩子拿著菜刀玩弄揮舞……收拾衣物時稍有不留意，就看到孩子把絲襪套到頭上，讓自己喘不過氣來……當然，還有更嚴重的，當我們在電視廣告時間去接了個電話，回來後就看到孩子正趴在插座旁東看看西摸摸，白白嫩嫩的小手指還往插座裡面戳，咦，沒反應，再戳一下！

在今天，電成為現代社會不可缺少的動力來源，家用電器多，兒童在家稍有不慎，很容易發生觸電等意外。有些孩子調皮搗蛋喜歡玩插座，將鑷子等金屬器具插入插座孔裡，造成觸電憾事。不少孩子也會去玩弄手機充電器，這些都是可能發生觸電事故的隱患處。

電給我們帶來便利的同時也帶來了危險。父母要注意不讓孩子觸碰電線、電器用品或插座。

【場景小故事】

場景一

三歲的小濛濛剛剛上幼稚園。這天，她想看卡通了，沒經過爸爸的同意，自己就動手把插上電源插頭了。爸爸知道後生氣地罵了濛濛，說她不注意用電安全。濛濛覺得非常委屈，心想：為什麼我就不能碰插頭呢？後來，爸爸告訴她：電源插頭有電，一旦沒插好或是誤觸很可能會有危險。而小孩子的手指頭很細很小，萬一不小心伸進去，會因觸電而死亡。聽完爸爸的解釋，小濛濛害怕極了，再也不敢去碰插頭了。

場景二

四歲的陽陽跟爸爸媽媽永遠的說再見了。

陽陽在家玩耍時，爬到床上玩弄床頭的插座，由於左手碰到插座裡面的電線，陽陽觸電身亡。

事情發生在上午九時左右，當時陽陽的爸爸要到外面辦事，心想，一下子就回來，不會花費多少時間，再說陽陽待在床上也不會多危險。不到一小時，爸爸回來時卻發現兒子已經觸電，他立刻把孩子抱到附近的醫院搶救。爸爸哽咽地說，我抱著他時，他的臉已經發紫，動也不動。到醫院的時候，孩子就沒有心跳了。看到幼小的生命這樣逝去，醫護人員也很心痛。

第 1 章　家中意外不容忽視—家庭安全篇

【安全知識課堂】

　　為了防止孩子觸電，父母要隨時做好防範措施，例如用插座保護殼，防塵塞將不用的插座封起來，或是將插座設置在孩子碰不到、看不見的地方。即使被孩子硬拆下來，也要持續使用防護措施，更要時刻注意孩子動向，遲早有一天，孩子認知能力足夠了，就會停止這樣的行為。保護孩子的安全，父母絕對不可以先放棄。同時還可以採取一些其他措施來預防孩子觸電：

1. 一定要安裝安全、可靠的電源插座。劣質插座易漏電、易燃燒、易短路，使用這種劣質的插座無異於在身邊放了一顆定時炸彈。安全問題，絕對不能省。

2. 可以將插座設置在高處且隱蔽的地方，在孩子經常活動的地方，可採用帶有保護蓋的安全插座。這種插座只有插頭同時插入，或其他特殊情況時，才會打開保護門並通電，即使小孩用鐵絲等插入孔也不太可能會觸電，從而保證安全。

3. 跟孩子談談電的作用及危險性，告訴孩子電給我們帶來了光明，帶來了便利。帶來了幸福。但用電不慎，也會造成傷害。電流通過人體會造成傷亡，凡是金屬製品都是導電的，千萬不要用這些工具直接與電源接觸，更不要用手去摸電源插座。

　　如果孩子不小心觸電，也不要手忙腳亂、大喊大叫，而是

要使孩子迅速脫離電源和進行正確的現場緊急救護。

脫離電源，是急救的關鍵。但在未脫離電源前不能用手直接碰觸觸電者，以防自己觸電。應根據現場條件果斷採取適當的方法和措施：

1　馬上關閉總電源。如電源開關離孩子觸電地點比較遠，可以利用絕緣體將電線切斷。

2　如果孩子身上的衣服是乾的，家長可以用一些乾燥衣服、乾圍巾、床單等將自己手確實包裹好，然後用包裹好的手拉觸電者的乾燥衣服，或用床單等絕緣體綁在一起，拖拉孩觸電者，使其脫離電源。

脫離電源後，家長應根據不同生理反應進行現場急救：

1　當脫離電源後，首先要檢查觸電者是否還清醒，同時立刻請一人幫忙叫救護車，另一人尋找 AED。如果神志不清，馬上檢查他的呼吸，必要時立即開始人工呼吸，吹兩口氣，每次吹兩秒。如脈搏消失或心跳停止，則應立即實施 CPR。

2　請跪在患者的側邊，膝蓋盡量靠近患者的身體，兩膝打開與肩同寬。

3　胸外按壓與人工吹氣的比例為三十比二，亦即壓三十下後吹兩口氣，壓胸與吹氣步驟交替不間斷，直到患者開始有動作、有正常呼吸或救護人員到達為止。但要注意胸外按壓是最重要的。

4　將一手掌根置於胸骨下半部（亦即兩乳頭連線的中央），

手指朝向對側，另一隻手掌交疊於第一隻手的手背上，使雙手重疊平行或互扣。手肘需打直，雙肩前傾至雙手的正上方。

5　利用上半身的重量垂直向下壓，且施力集中於掌根處。下壓深度五至六公分（成人），若是一至八歲兒童，下壓深度是成人的一半或三分之一，如果孩子體型較大，可以和成人深度相同我。且按壓速度為每分鐘一百至一百二十下（約每秒兩下）。每次按壓後掌根不可以離開胸部，但必須放鬆使患者胸部回彈至原本的高度，壓與放的時間各占一半。壓胸的動作避免中斷，中斷的時間勿超過十秒。為了方便記憶，請熟記壓胸口訣「用力壓、快快壓、胸回彈、莫中斷」。

6　如果有 AED，在 AED 到達之後立刻依照 AED 所指示之步驟實施電擊或是繼續實施 CPR 直到救護人員抵達。

現代家庭中電器越來越多，孩子接觸電器的機會也越來越多。父母一定要時刻注意用電安全，教育與預防雙管齊下，並以身作則，及早地教會孩子用電安全知識，學會自我保護。才能讓孩子真正的遠離「電老虎」。

蓄水容器莫存水 —— 孩子在家中也可能溺水

孩子眼睛裡的世界與成人所看到的世界是極其不同的。他們經常會發現成人所看不到的樂趣，並樂在其中。水，對於

孩子來說,可是一種既便宜又方便獲取的玩具。而且玩水似乎是孩子的天性,即使家長不教,孩子在接觸水的時候也會無師自通地玩樂。有的孩子喜歡在洗手的時候捧水,也有的喜歡用手拍打出水花飛濺。總之,在孩子的眼睛裡水是一種友善的玩具,既乾淨又有彈性,變換無窮。

但有的家長會因為忙著做家事或工作,就會讓孩子快樂的「戲水」。在家長看來,孩子與水是「和平共處」的,他們也認為那一點點水,根本不會對孩子的安全造成威脅,可事實又真的是家長們所想的這樣嗎?

【場景小故事】

場景一

明明一歲多了,由於媽媽平時的工作太忙,沒有足夠的時間去照顧他,就給奶奶帶著,儘管奶奶上了年紀,但明明也沒出過什麼意外。

那天晚飯後,奶奶要在浴室洗衣服,為了方便照顧明明,奶奶就讓他也待在廁所。這時正巧有電話打來,等奶奶接完電話回到廁所時,看到明明一頭栽進用來蓄水的塑膠大水桶裡。奶奶一看這個狀況趕快抱起明明,卻發現明明已經昏迷了,於是急忙拿了一條被子將孩子包住,送往醫院。

經過醫院檢查,明明保住了一條小命,為了正常的呼吸,醫生給明明戴上了氧氣罩。醫生說,明明的肺部和腦部可能會

因為溺水而受到影響，還需住院進一步觀察。

場景二

呂小姐的兒子豆豆乖巧又聰明，剛學會說話、走路和吃飯。一日午餐後，呂小姐照顧孩子時，順手打開電視機看電視。此時孩子的奶奶在隔壁房間睡覺，呂小姐的丈夫為了賺錢養家正在廚房煮肉準備擺攤。孩子在她面前玩了一下後，走出她的視線，獨自跑到院子裡去玩。起初，她以為兒子在奶奶房間玩耍，並沒有在意，繼續看電視。後來，當她呼喚豆豆的名字時，卻沒得到回應，急忙跑到了婆婆房間找孩子。結果，連孩子的影子也沒看到。這下一家人著急了。院子的大門還是關著的，孩子肯定沒跑出去，怎麼會找不到呢？在遍尋孩子的蹤跡後，豆豆的奶奶終於在院子裡一個鐵桶裡找到了奄奄一息的孩子。等到救護車抵達，孩子早就失去了呼吸心跳。

原來院子裡閒置的鐵桶裡面本來就盛放著少量的水，加上前幾天下雨的積水，孩子可能好奇扒著桶沿向裡看時，一不小心頭部向下，栽到了大桶裡溺水而亡。一條鮮活的生命就這樣消失了，讓人心痛不已。

【安全知識課堂】

有的家庭省水，愛在水桶中放洗米水、洗菜水，用來沖馬桶，在院子裡也會用水盆、水桶接雨水拿來澆花。當然如果從省水角度講，這樣做非常好。但對有學齡前兒童的家庭來講，

卻增加了孩子溺水的風險。

孩子對周邊的事物總是有旺盛的好奇心，而且愛玩水，如果不留意就有可能倒栽跌入水桶、水盆，甚至馬桶。所以家有幼兒，為了孩子的安全還是不要蓄水比較好，哪怕你的容器再小、盛的水再少都是不行的。廁所不用時要關好甚至鎖門，馬桶蓋上，減少孩子發生意外的機率。

更要記住不要在洗衣機內蓄水，在用完洗衣機時一定要及時排水。更要注意的是，在洗衣機運轉時要蓋好蓋子，並讓孩子遠離，如果孩子在這個時候不小心掉了進去，那後果將會不堪設想。

另外，如果孩子如果真的發生危險，家長在將孩子救出水面後，應立即清除口腔內、鼻腔內的淤泥和堵塞物，迅速進行吐水急救，並立刻請其他人幫忙叫救護車。

把溺者放在斜坡地上，使其頭向低處俯臥，壓其背部，將水排出。如無斜坡，救護者一腿跪地，另一腿屈膝，將患者腹部橫置於屈膝的大腿上，頭部下垂，按壓其背部，將口、鼻、肺部及胃內積水倒出。即使排出的水不多，也應抓緊時間施行人工呼吸和心臟按摩。

將溺水者仰臥位放置，搶救者一手捏住溺水者的鼻孔，一手扳開溺水者的嘴，深吸一口氣，迅速口對口吹氣，反覆進行，直到恢復呼吸。人工呼吸頻率每分鐘十六至二十次

如果孩子心跳停止，立即實施 CPR，具體流程請參考第一章「電源插座不能玩」一小節之安全知識課堂。

如果因為害怕溺水而禁止孩子玩水未免有些因噎廢食，那麼如何安全的戲水呢？

1　用各種大小、形狀各異的勺、瓶、壺、桶等器具讓孩子舀水、盛水，在玩水的過程中，孩子自然會了解到各種盛水器皿的大小，可控與不可控。

2　準備一個大的塑膠盆，把塑膠球、鐵球、木頭、小船等一一投入水中，告訴孩子各種物質的沉和浮。

3　還可以把沙子、糖、鹽分別放入盛水的杯中，讓孩子了解什麼是溶解，這些知識都是孩子經由玩水實踐能獲得的。

4　玩水槍或在自來水管上接一段橡皮管來噴水，這是孩子很喜歡的遊戲，但要注意不能讓孩子用水槍對著人噴射。

玩水不分季節。夏天，可利用洗澡及游泳的機會，讓孩子在水裡高高興興地戲水或與小朋友打水仗。冬天，可以把手腳分別浸泡在溫水盆中，加入熱水，讓他感受不同的水溫。都是很安全的戲水方法。

不要爬窗臺、陽臺 —— 房屋安全需警惕

孩子天真活潑，好奇心強，對「外面的世界」特別感興趣。他們常常喜歡趴在窗前向外看，有時甚至跑到陽臺去玩，從陽臺向下探身。

現在大多數家庭都住在較高的樓層，如果不注意，孩子爬上窗臺，或者溜到陽臺上去玩，這對於他們來說是很危險的。特別是年齡較小的孩子，認知不足，更要特別小心。

家庭一定要留給這些不諳世事的孩子一個安全穩定的生活環境。

【場景小故事】

場景一

一名四歲的小女孩在保姆的帶領下到四樓鄰居家玩，好奇的小女孩跑到了陽臺，踩著一張木凳就想往外看，由於陽臺沒有關好，小女孩沒有穩住，掉了下去，當場死亡。無獨有偶，一位保姆讓一個兩歲的小男孩在陽臺門邊午睡，未將窗戶關好，小男孩醒後玩耍，到了陽臺，不慎墜樓造成腦部重傷。

場景二

在城市的一角上演了驚險一幕，一名六歲大的男孩疑因失足從自家陽臺墜下後，衣服掛在陽臺遮雨棚的支架上，掙扎中男孩子的頭部卡在陽臺遮雨棚的的間隙中，整個人懸在了半空中。該民宅處於鬧市街巷，樓下遍布攤販和店家。當晚九時四十分左右，樓下有人突然抬頭看到三樓遮雨棚上正懸掛著一個小男孩。只見男孩雙手在不停地晃動，似乎想要抓住遮雨棚支架，以此支撐搖搖欲墜的身體。因為遮雨棚縫隙不到十公分

寬，只容得下他的脖子移動，男孩始終一動不動，既上不去又下不來。男孩的家裡只有他一人，且家門已被反鎖了。時間一分一秒地過去，見到男孩在半空中痛苦掙扎著，有人忙著撬開大門，有人拿出手機報警求助並尋找男孩的家人。

最後消防人員趕到，經過分析後制定了緊急營救行動，兩名消防員先是用手將男孩托起，使男孩的力量全落在消防員手上。另外三名消防員迅速啟動油壓剪破壞遮雨棚，不到四分鐘，卡住男孩的兩根鐵架被剪斷，隨後消防員將男孩安全地抱回陽臺。此時，樓下圍觀人群紛紛鼓掌喝彩。

進入男孩家中後，他們發現，由於長時間懸掛在空中，男孩已經嚇得臉色慘白，說不出話來。雖然男孩雙手抓著遮雨棚的鐵架支撐身體。但如果不及時解救，男孩隨時都可能墜樓或窒息的可能。

救援人員分析男孩獲救原因時認為，這名男孩身材瘦小，雖然遮雨棚縫隙不到十公分寬，但他一旦失足，整個人從縫隙掉下樓的可能性極大。幸運的是，由於男孩的頭較大，墜落時又正巧卡在了鐵架上，所以才保住了性命。

【安全知識課堂】

窗戶和陽臺給家庭帶來了明媚的陽光，能夠晒衣服，還能呼吸新鮮的空氣，是連接大自然的窗口，給生活帶來了生機和活力，也是這個窗口，容易給缺失經驗的孩子帶來安全隱患。

這些地方的危險度高，所以父母千萬要記住，不要隨便讓孩子進入陽臺，以免發生危險！特別要注意以下幾點：

1　不要和孩子到陽臺玩，更不能將孩子獨自留在陽臺。如果孩子經常在陽臺，就會讓他習慣，覺得在陽臺沒什麼，很安全，在家長不注意的時候獨自跑到陽臺玩耍，很容易發生危險。

2　要告訴孩子不要獨自一人到陽臺去，也不要趴在窗口向外看。

3　家長要隨時檢查窗戶和陽臺，注意關好窗戶或陽臺，以免孩子發生意外。陽臺要有足夠高的護欄，且護欄縫隙不能過大。平時也要教育小孩不要爬窗。

4　不要在窗臺前放凳子，以防孩子踩著凳子去開窗戶。

如果孩子不慎從陽臺上掉下，且受傷嚴重，應採取急救措施，全速送往醫院搶救。在救護車抵達前，要小心保護傷者，千萬不可隨意挪動傷者，以免內臟出血加重，或使關節受傷得更嚴重。如果頭部受傷，即使在醫院治療中，也要特別注意小孩的精神變化、呼吸規律與節奏，慎防任何異常。

別把廚房當成遊樂場 —— 讓孩子遠離廚房

由於孩子分辨事物能力弱，自我保護意識差，因此對我們來說稀鬆平常的廚房裡仍有可能對孩子造成傷害。尤其是三歲以下的孩子，應盡量避免進廚房，家長不宜帶著孩子炒菜、

做家事，更不要讓其在廚房玩耍。孩子可能會在好奇心的驅使下，不經意傷害到自己。

　　如：在廚房裡孩子很容易被櫃子裡面的東西吸引，如果孩子自己去打開，就很容易被櫃門夾住手；孩子單獨在廚房瓦斯爐旁等處，容易玩火造成燒傷或者一氧化碳中毒。此外，廚房裡往往會放置各種刀具、叉子、玻璃或削皮刀等尖銳利器，如果這些東西被孩子輕易拿到，他們就天真地開始玩，可能會割傷、刺傷，甚至發生戳傷眼睛等意外。因此，家長要特別警惕孩子在廚房的一舉一動，不要讓孩子在廚房。

【場景小故事】

　　王小姐在廚房準備晚飯，正好這時來了一個電話，王小姐擦擦手就趕快跑去接電話。當她掛了電話返回廚房時，卻看見四歲的女兒腳踩著小凳子，手拿著比自己小手大出好幾倍的菜刀在砧板上切菜。而且女兒在小凳子上搖搖晃晃的，隨時都有摔下來的可能。小孩力氣小，菜刀又重，連自己提起菜刀都感到沉重了。看到這一幕，王小姐趕快走過去把女兒抱出廚房，並對孩子說：「妳現在還小，還不到學做菜的時候，廚房的一些工具都可能會傷到你。剛才就差點摔倒了，等妳長大以後媽媽再教妳做菜，好嗎？」女兒聽懂了媽媽的話，認真地點了點頭。

【安全知識課堂】

對孩子來說，廚房可是個誘人的地方。父母可以從冰箱和櫥櫃裡取出各種食物和新奇的東西，孩子雖然看不到流理臺和火爐上的情況，但渴望參與。他們天生的好奇心再加上你偶爾的疏忽大意，溫馨的廚房很有可能發生憾事。

有時候家長顧著做飯，難免忽略了孩子。為了孩子的安全，家長要盡心盡力規劃廚房。將孩子所能遇到的危險扼殺在搖籃之中。

1　廚房裡的家用電器，不使用時應拔掉插頭，以免孩子偶然啟動。

2　手巴菜刀、剪刀等鋒利尖銳的器械放到孩子碰不到的地方。平時不太用的危險器械，應該放進碗櫃鎖起來。

3　如果使用瓦斯爐，一定要記得把開關牢牢關閉。尤其是不使用時，一定要記得關閉總開關，以免孩子無意中打開瓦斯，發生危險。

4　只要你端起滾燙的東西，無論是什麼，一定要先看看孩子在什麼位置，絕對不要端著滾燙的東西從他身邊經過。

5　不要在盛裝食物的容器內放不能吃的東西。孩子好奇心強，進入廚房後會自己動手拿食物吃。他們很可能認為容器裡裝的是食物，把裡面的東西放進嘴裡。

6　把洗碗精、清潔劑、殺蟲劑和其他危險物品，都放進櫥櫃的高處或孩子碰不到的地方。

7　在使用微波爐加熱時，不要讓孩子靠近微波爐，尤其不能

讓他站立在微波爐前，頭部正對著加熱區，否則容易影響孩子健康。

8 最好不要在廚房裡放置凳子，防止孩子利用凳子來取高處的危險物品。

9 廚房裡最好使用加蓋垃圾桶，這樣可以更好地避免孩子從垃圾桶裡取出危險垃圾，如變質丟棄的食物、碎玻璃等。

在孩子眼裡，廚房就像是媽媽的「遊樂場」一樣，媽媽不僅可以在裡面遊刃有餘，還能夠做出美味的飯菜！廚房在孩子看來，是個充滿魔力的地方。他們也希望自己可以藉由廚房，像變魔術一樣弄出自己喜歡吃的東西。

但是孩子畢竟還是太小，廚房裡面總有一些潛在的危險會讓他們不知所措，也會讓他們受到傷害！所以，即便是家長想在廚房培養孩子的烹飪技巧，也要萬分注意孩子的安全。如果稍加不注意讓孩子在廚房裡受傷，那就有點得不償失了！

突然停電了 —— 教孩子抵禦黑暗的有效方法

只要我們生活在這個時代就離不開電。可是，總有一些特殊情況需要停電，這個時候，小朋友如果是一個人單獨待在家裡的話，不免害怕和恐懼。也有的家長會趁機利用這個機會，教會孩子勇敢。但欲速則不達，家長一定要注意分寸，畢竟對於成人來說，黑暗也是不招人喜歡的。如果在此強迫孩子去適

應黑暗，可能會適得其反。

【場景小故事】

冬季的一天，小小放學回到家發現爸爸媽媽都還沒有回來，他攤開書本開始寫作業。作業還沒有寫完，突然停電了，突如其來的黑暗讓小小有些不安。四下望去，整個屋子被黑暗籠罩著，這讓小小想起了很多童話書裡的妖怪，他們都是在黑暗中出現的。正在這時，爸爸打來電話：「寶貝，你在做作業嗎？」

「是的，爸爸，你和媽媽怎麼還不回來？我們家好黑啊！」

爸爸關切地問：「家裡黑？停電了嗎？」

「爸爸我有點害怕！」

爸爸停頓了一下說：「寶貝，停電有什麼害怕的？爸爸小時候家裡經常停電，每到這時候爸爸都會站在窗前看看月亮。你會發現月亮很美，你會想起很多故事裡美麗的片段。」

「真的嗎？」小小問。

「當然了，寶貝，你可以試試看啊！爸爸下班就回去了！」

掛了電話，小小慢慢地走到窗前，抬頭看著月亮：「哇！月亮真的好亮啊。」小小看著月亮想是不是真的有嫦娥，嫦娥身邊是不是真的有玉兔，廣寒宮是什麼樣子的……

就這樣，小小忘記了黑暗帶來的恐懼，不知道過了多久，電來了。小小看看明亮的屋子再看看窗外的月亮喃喃地說，電

燈亮了，月亮都不美了！說完繼寫作業去了。

【安全知識課堂】

　　父母工作比較忙，有時候吃了晚飯還要去加班，臨走前囑咐孩子在家認真唸書。通常不會出什麼問題，孩子也都習慣這種生活，但是不出問題的前提是有電。

　　如果突然停電了，孩子就會恐懼，有的孩子甚至哭著等待父母回來。其實很多孩子都有怕黑的經歷，尤其二至六歲的孩子更容易怕黑，因為這個年齡的孩子，想像力非常豐富，但由於認知還不足，總是會把黑暗中的模糊事物想像成怪物、妖怪等可怕的東西。有些孩子則是看了一些恐怖的電視節目或電影、或聽到他人的恐怖描述後，特別容易怕黑。

　　尤其在停電的時候，孩子會覺得平日裡在卡通裡看到的妖魔鬼怪都有可能出來傷害自己，所以，父母一定要引導孩子正視黑暗。

1　孩子會害怕停電其實是因為怕黑。父母不妨在夜晚帶孩子出去一次，做一些讓他們感到高興的事情。比如：和孩子在黑暗中玩點遊戲，給他們買一個很想要的玩具，帶他們到熟悉的小朋友家裡玩。這些愉快的體驗能讓孩子不再對黑夜那麼恐懼，當孩子一個人在家，突然停電時，就不會那麼害怕了。

2　如果孩子稍大一點，家長還可以和孩子一起找資料，探究

為什麼會有黑夜和白天。一旦孩子理性的知道世間的規律，精神就會放鬆下來，停電就不會那麼緊張，一切想出來的「怕」也就消失了。

3　停電時，告訴孩子停留在家裡比較亮的地方，或者能夠接觸到外界光源的地方，像是看得見月光的房間，或是緊急照明燈附近。

4　如果只有自己一家停電了，那可能是保險絲壞了或跳電了，千萬不要讓孩子自己換保險絲或是隨意動總開關，要等爸媽每回來之後再處理。

5　家長平時可以在家裡多準備幾個手電筒，當停電時孩子可以打開手電筒照明，但千萬不要點蠟燭。

6　可以讓孩子躺在床上，閉上眼睛想一想自己今天新學到的東西，或是先睡覺。這樣，時間會過的快一些。

7　停電後最好讓孩子待在家裡，千萬不要獨自出門，以免在黑暗中給壞人提供可乘之機。

光亮對於孩子來說很重要，他們懼怕黑暗。孩子總有一天將要獨自面對黑暗，趁早提醒孩子抵禦黑暗的方法。即使突然停電，孩子也會有足夠的勇氣與準備去面對突如其來的黑暗！

電熱毯不是普通的毛毯 ——
教孩子正確認識電熱毯

冬天天氣寒冷，有些家庭會購買電熱毯，在夜間睡覺時取

暖。而電熱毯因為比暖氣省電，成為許多家庭冬天取暖必不可少的物品。雖然電熱毯給人們帶來了極大的方便，但由於它的電熱芯與可燃的布、棉連在一起，因此使用時稍有不慎，就很容易引發火災。冬天是一些事故的好發期，不僅有電熱毯引發的觸電事件，還有電熱毯因為使用不當或使用時間過長而導致火災的悲劇。

由此可見，即便電熱毯確實可以升溫保暖，但它的安全問題不容忽視。有的孩子睡覺有踢被子的習慣，或是睡相不好，身下的電熱毯就很容易就被弄皺，有可能造成電熱絲折斷扭曲；有的孩子會尿床，則容易發生觸電事故。孩子睡覺睡得比較深，且遇上突發情況的時候也並不知道如何處置，一旦電熱毯開啟的時間過長，或者有其他事故發生的時候，孩子並不會關閉電源或妥善處置。因此，父母有教孩子正確使用電熱毯的必要。

【場景小故事】

冬天氣溫驟降，三歲的晨晨晚上睡覺的時候總是感覺冷，還感冒了一次。媽媽給他買了一條電熱毯。每天晚上睡覺前開一下，讓晨晨舒服了許多，再也不喊冷了。每天都睡得很舒服。但有天晚上，這條電熱毯差點要了晨晨的命。

那天，媽媽給晨晨開著電熱毯，但忘記關掉了。結果，半夜晨晨尿床，尿液使得他身體底下的電熱毯受潮，讓他觸電。

幸虧媽媽忽然驚醒，想起來電熱毯沒關，及時切斷了電源，才沒釀成悲劇。

孩子年齡越小，所需水量越多，電熱毯易過熱，使用不當會使孩子在不知不覺中失水量增大而導致喉黏膜乾燥，出現沙啞、煩躁不安等現象。又因被窩內外的溫差很大，一旦手腳伸出被窩或踢開被子後，極易受寒而感冒。另外，夜間睡著忘記關上電熱毯開關而發生火災的事時有發生，應引以為戒。

【安全知識課堂】

有的父母怕嬰兒冬天冷，睡覺被窩不夠暖，晚上讓孩子睡在電熱毯上，這樣做很不安全，對小孩生長發育也不好。為了避免意外發生，正確使用電熱毯的方法如下：

1　選擇合格廠牌的產品，到合法實體商店購買電熱毯。

2　使用電熱毯的時候，一定要平整鋪在床上，上面還要再鋪上一床薄被子，不能直接睡在電熱毯上。

3　不要在電熱毯上加蓋太厚的被褥，也不能在電熱毯下面墊塑膠布，以防止破壞電熱毯的絕緣性能。

4　使用電熱毯的時候，通電時間不宜過長。可以在睡覺之前通電一段時間，睡覺的時候一定要切斷電源。

5　收納電熱毯的時候不要折疊。折疊很容易造成電路毀損變形，下次再使用就會有安全隱患。

6　電熱毯通電後，如果停電也要及時切斷電源，防止復電的時候因無人看管而引發事故。

7　要確認好電熱毯的溫度和潮溼度，一旦短路、漏電就能及時發現，防止事故發生。

8　通電的時候要檢查電路情況，如有短路要及時切斷電源。

9　在使用電熱毯的時候一旦起火，一定要先切斷電源，再使用乾粉滅火。不能在未切斷電源的情況下就貿然滅火，尤其要小心用水滅火，非常容易觸電。

不管怎樣，家長都要謹慎，雖說使用電熱毯的出發點是為了孩子著想，可是如果用錯了方法，那就得不償失了。

孩子得了冷氣病 —— 冷氣病也是種危害

根據資料顯示，在有冷氣的密閉室內，五至六小時後，室內氧氣下降百分之十三點二，大腸桿菌增加百分之一點二，紅黴素升高百分之一點一一，白喉桿菌升高百分之零點五，其它呼吸道有害細菌均有不同程度的增加。長期處在這種環境中工作生活的人，往往會在不知不覺中得了「冷氣病」。

冷氣病的發生是因為房間密閉性強、空氣流動性差、風量小、長時間不開窗、陽光不足，使房間的溼度和溫度條件變成致病細菌的溫床，黴菌、細菌、病毒等各種微生物大量繁衍寄附在寢具、地毯、窗簾、傢俱上。大量微生物滋生，容易感染微生物引發的疾病，再來溫度設定太低，與室外溫差大，一進一出容易感冒。冷氣病的症狀主要包括由於忽冷忽熱導致的物

理性病變、微生物引起的疾病和關節處血液循環方面的不適。冷氣病經常是幾種症狀併發的複合疾病。

【場景小故事】

場景一

亮亮天生容易出汗，每每在炎熱的夏日，酷熱難耐的時候，就會開冷氣緩解。在家裡也都躲在房間吹冷氣，一吹就是一個晚上。爸媽覺得老是這樣吹冷氣會對身體不好，但是每次見到亮亮流那麼多汗，熱的不行就不忍心。由於媽媽有風溼，不能和亮亮一起吹冷氣，所以就只能去別的房間睡覺，而亮亮卻在這樣的生活中，慢慢的變得抵抗力低下，不久他發現自己的呼吸道抵抗力很差，很容易感冒發燒。

場景二

在炎熱的夏季，公車上、捷運中、以及公共場所都會開冷氣，當我們在烈日下出了滿頭大汗之後，進到開有冷氣的室內，雖然說瞬間感官舒服了，卻讓自己的呼吸系統紊亂了。久而久之，進入冷氣房後會鼻子發癢，有時會流鼻涕、打噴嚏。

【安全知識課堂】

為防止冷氣病，專家特別提醒冷氣使用者：不要二十四小時開著冷氣！晚上或上班時可以關上；晚上如果要開冷氣睡覺也要調到睡眠狀態，以免半夜溫度下降導致感冒。不要二十四

小時關閉窗戶；溫度不要調得過低，和室外溫差不要高於攝氏七度；夜間睡眠最好不要使用冷氣，入睡時關閉冷氣更為安全，睡前進行戶外活動，有利於促進血液循環，預防冷氣病。地毯、床單、沙發套等物品要經常清洗。對於常吹冷氣的人，專家則強調：應對旅館、飯店、醫院、辦公室中的寢具、用具、窗簾等等物品要經常消毒，盡量讓陽光照射。

使用冷氣必須注意通風，每天應定時打開窗戶，關閉冷氣，增氣換氣，使室內有新鮮空氣，且最好每兩週清掃冷氣機一次。從冷氣環境中外出，應該先在有陰涼的地方活動片刻，在身體適應後再到太陽光下活動；若長期在冷氣室內者，應該到戶外活動，多喝開水，加速體內新陳代謝。大汗淋漓時不要直接吹冷風，這樣降溫太快，很容易發病。

應經常保持皮膚的清潔，經常出入冷氣環境、冷熱突變，皮膚附著的細菌容易在汗腺或皮脂腺內阻塞，引起感染化膿。可以對環境消毒防止微生物的生長。增置除溼劑，防止細菌滋生。如果因吹冷氣導致呼吸道問題，可以就醫諮詢。

廁所危機重重 ── 謹防廁所的安全隱患

許多家長都認為，家是最安全的地方，正因如此，很多家長在家都會掉以輕心，殊不知，家裡的廁所危機重重。特別是小寶寶會走之後，廁所成了孩子的探險勝地，趁大人不注意溜

進廁所，一不小心孩子就會遭遇危險。

【場景小故事】

一名五歲的小男孩上廁所的時候，不知道什麼原因將頭卡在了馬桶坐墊上。當時，奶奶聽到孩子的叫聲後，跑進廁所一看，發現孩子的腦袋正卡在馬桶的馬桶坐墊上，整個身子靠在馬桶上動彈不得。奶奶著急不已，連忙叫來消防隊幫忙。六分鐘之後，消防隊員用鋼鋸鋸斷了馬桶坐墊，孩子才得以脫險。

後來，奶奶說，家裡的馬桶上有兩個馬桶坐墊，孩子的小馬桶坐墊在上面，大人的在下面。也許是孩子坐在了大人的馬桶坐墊上，頭往後靠的時候，伸進了小馬桶坐墊中。

【安全知識課堂】

這個故事是個特例。對孩子來說，廁所的危險之源還有許多，諸如燙傷、摔傷、割傷、觸電、窒息、溺水……父母一定要多加注意。

為了保證孩子在家中的安全，父母有必要在整體布局到裝飾都進行調整，要保證不對孩子的生命健康構成威脅。同時，父母也要教育孩子，讓他自己也學會防範。

那麼，廁所究竟容易出現哪些安全隱患呢？家長怎麼做才能全方位保護好孩子呢？

1　燙傷

廁所裡經常使用熱水，年幼的孩子，對什麼是燙認知不足，對可能燙傷的東西甚至一無所知，也無所畏懼，一不注意就可能發生意外。

(1) 洗澡時要養成先放冷水再加熱水的習慣。把孩子放進浴盆時，要先試試溫度。如果測不準，可買個能放在浴盆中的溫度計，一般水溫在攝氏三十七到四十度即可。使用熱水時，熱水的出水口和出水管會比較燙，要讓孩子遠離。

(2) 抬啟式水龍頭應確保始終朝向冷水出水口，確保孩子即使誤開也不會被燙傷。如果是旋轉式的水龍頭，不用時最好能加裝熱水閥，將熱水的出水口關閉。

(3) 讓孩子認識「燙」這個概念跟感覺。父母可以用兩個一模一樣的杯子，在杯子裡分別倒入冷、熱兩種水，讓孩子感受不同溫度，並告訴孩子「燙」是什麼，以及可能對自己造成的傷害。熱水溫度在攝氏五十度左右就可以，不要太熱。

2　滑倒

廁所用水多，地面溼滑，孩子的平衡能力不強，很難保護好自己，很容易滑倒，家長要把防範措施做好。

(1) 廁所的地板應該選擇防滑瓷磚，在廁所門口、浴盆、浴缸附近可鋪上橡膠地板，避免孩子滑倒而受到傷。廁所

的地面上如果有水漬，要及時擦乾。

(2) 為孩子選防滑底的鞋（鞋底有橡膠小顆粒）；也可在地上貼止滑條。孩子的浴盆裡要加個防滑墊，浴盆浴缸旁要有安全把手，讓孩子在站起、坐下時有可以借力的東西。

(3) 廁所的檯子邊緣如果是直角的，要加裝圓弧的防撞墊，以免孩子滑倒時受傷。

3　溺水

澡盆中的水，浴缸中的水，都可能成為玩樂之地，在玩耍時很容易失去平衡跌入水中，發生危險。

(1) 孩子最好在自己專用的浴盆中洗澡，而不是在成人的浴缸裡，浴缸對於孩子來說明顯太大了。

(2) 當孩子在浴盆中洗澡時，永遠不要讓孩子離開視線。一旦有什麼事情需要離開，一定記得把孩子抱走，以免孩子溺水。不洗澡的時候，一定要保證浴缸裡沒有水，並隨手關上浴室的門。

4　觸電

廁所、浴室的潮溼環境，對於各種電力設施是個考驗，用不好可能發生短路、觸電的危險。家長要擔起安全的重任，確保廁所的安全。

(1) 廁所的電線要布置妥當，以免外露潮溼引起短路。電源開關和插座必須要保持一定的高度與乾燥，尤其是明裝

插座，建議要在一百二十公分的高度以上；且以有防水保護裝置為佳。

(2) 最好使用帶有安全防護功能的燈具和開關，接頭和插座也不能暴露在外，最好設在廁所門外，否則應採用防潮防水型面板，防止因潮溼漏電導致意外事故。

(3) 廁所的電器，如電熱水器、抽風機等，一定要做到即用即插，用完及時切斷電源。並擺放在孩子碰不到的地方。

(4) 如果洗衣機放置在廁所內。不用時要拔掉電源線，避免好動的孩子撥弄開關而闖禍。

5　皮膚燒傷或中毒

廁所清潔劑裡面含有次氯酸鈉、漂白劑等化學成分；黴菌清除劑更是具有極強的腐蝕性，對呼吸道有強烈的刺激作用，這兩種物質都可能燒傷皮膚，如濺入眼睛甚至可能導致失明。

(1) 用來清潔廁所的物品一定要妥善保管，放置在孩子碰不到的位置。用這些物品清潔廁所時，一定要注意通風，以免化學藥劑擴散在空氣中給孩子的呼吸道帶來刺激。

(2) 日用品如柔軟精、洗衣粉、化妝用品、保養品等都應該放在孩子碰不到的櫃子裡，櫥櫃最好安裝在孩子碰不到的位置，或者加裝安全鎖。

(3) 不要當著孩子的面刷洗馬桶，一是防止濺出的液體進入孩子眼睛，再來可防止善於模仿的孩子學著媽媽的樣子做，進而產生危險。

孩子皮膚、眼睛不慎接觸了廁所清潔劑、消毒液，要採取以下方法：

皮膚接觸者要立即用清水沖洗皮膚至少十五分鐘。衣服汙染時要立即脫去衣服，並直接用水沖洗衣服汙染的部位。

濺入眼睛者要及時用流動水沖洗眼部至少十五分鐘。沖洗時須將眼瞼分開。

6　反鎖廁所

孩子自己溜進廁所玩，大人稍不留心，孩子把門鎖上了。當大人在門外，孩子在裡面又出不來時，肯定很著急。

(1) 廁所的門最好是可以從外面打開的喇叭鎖，當孩子把自己鎖在廁所時，家長能盡快解救。如果是門閂的那種，要保證門閂在高處，讓孩子碰不到，如果太低，萬一孩子好奇去玩弄，插上門閂可能就打不開了。

(2) 在平時，家長也可以利用其他矮櫃教孩子插門閂、開門閂的方法，讓孩子在面對把自己鎖上的窘境，能根據以前的家長所教的經驗解決問題。

7　刮鬍刀

爸爸的刮鬍刀，對孩子充滿誘惑力，孩子會想：「爸爸老是拿著那個東西來玩，我也想玩。」趁你不在，他就可能模仿你的行為。孩子模仿爸爸刮鬍子的動作，很可能將嘴唇、臉頰刮傷。電動刮鬍刀的網眼雖然小，對成人無法造成傷害，但是孩

子的皮膚嬌嫩，稍一用力就可能會受傷。

  (1) 爸爸刮鬍子時，可以對孩子說：「這是爸爸的刮鬍刀，上面有鋒利的刀片，不小心會割破手指，很痛的哦。」

  (2) 用完刮鬍刀後，爸爸的刮鬍刀或刀片等要放到高處或是收納在孩子找不到的地方，確保孩子不會接觸。

  每次帶孩子去廁所，要告訴孩子常用東西的用途，像是香皂是用來洗手的，洗衣粉是用來洗衣服的，清潔劑是刷馬桶用的等等，盡量使用簡單的語言，在孩子因為好奇自己動手前，就先滿足他的好奇心，讓他知道東西的功用，以及使用方法不當會造成什麼傷害，防患於未然。

兒童居家安全十大注意事項

1　保持室內房間動線順暢。

  如從門口到床邊，最好是直線，不要讓孩子繞過桌子才能到床邊，孩子容易在走路的過程中碰撞，尤其是孩子剛學會走路的時候不穩又很愛跑，經常控制不住自己，容易撞到。

2　避免碰傷。

  家裡的桌子高度通常是一歲左右的孩子會撞到的高度（約七十五公分），盡量選擇圓邊的傢俱，避免尖銳角外露，尖角一定要加上桌角墊或護套，尖利的邊緣一定要貼上防護墊，也可以用門窗的密封條代替，效果也很好。若家中有樓梯，在樓梯口要安裝柵欄，以免孩子跌落，另外桌子抽屜和櫃子上面的把

手最好是圓弧形狀的，避免碰傷孩子。

3　保持地板乾淨。

地板上要乾淨、空曠，可以讓孩子自由地爬或走，最好不要鋪地毯，否則清潔不及時容易滋生蟎蟲等病菌，孩子弄倒食物在上面也不容易清理乾淨。家裡最好是木地板，如果是大理石地板，一定要在孩子經常活動和爬行的區域鋪上軟墊，要選環保沒有異味的。

4　檢查維修桌椅。

孩子都很喜歡爬，這對他們也是一個很好的身體鍛鍊，孩子看到桌椅底下的空隙就喜歡鑽，一定要記得檢查桌子和椅子底下是否有凸出或沒釘好的釘子並進行維修。。

5　注意電源插座。

孩子看到洞就喜歡把手伸進去，因此要把插頭或插座封好，不用的可以用膠帶封起來，經常用的可以買插座保護器插上，電線也要收好。

6　廚房的安全。

廚房的安全也是重中之重，要把熱水壺放在孩子拿不到的地方，孩子能碰到的地方不可以放熱水、熱湯，剛做完飯的鍋子、剛燒完水的水壺都要收好，要知道孩子們的好奇心旺盛，到處亂摸容易被燙傷，切菜用的菜刀隨手收好，瓶瓶罐罐擺

在高處。

7　餐桌上的安全。

餐桌最好不要鋪桌布，因為鋪了桌布孩子們容易往下拉，如果上面有東西掉下來後果不堪設想，剛端上的飯菜溫度較高，最好有專人看管孩子，不要全家人都跑去端飯，小寶寶最好用圓頭的湯匙，避免讓他拿筷子，以免戳傷。另外寶寶最好坐嬰兒椅，因為天生愛動，坐在大人的椅子上如果沒有安全帶，很容易掉下來。折疊椅也經常造成意外傷害，家裡最好避免使用。年紀稍大的孩子吃飯的時候不能大笑或跑動跳動，這樣很容易噎到，要坐好吃飯。

8　危險物品要放好。

如剪刀、刀子等各種工具，都要收到帶鎖的櫃子裡，或是孩子拿不到的地方。家裡的藥品一定要放在專門的抽屜裡，最好上鎖，不要隨意亂放，避免孩子誤食。

9　定期清洗玩具。

孩子的玩具一定要經常檢查和清洗，鬆了的螺絲釘重新拴緊，有些壞掉的玩具孩子還要繼續玩，就用膠帶把破掉的地方黏上，避免割傷孩子的手，髒了的玩具要擦乾淨，毛絨玩具要定期洗，不要讓上面滋生細菌，玩具上掉下來的小零件如果裝不回去要收起來，以免讓孩子誤食。在孩子的眼裡，什麼都可

以是他的玩具，家裡的什麼東西都想玩，這時候大人可以篩選一些安全的物品給他玩。

10　門窗要關好。

陽臺和窗戶下不要擺放桌椅，避免孩子爬上去往外看，產生墜樓危機，花盆也要固定好，不要讓孩子一碰就掉下來，砸到人。

家庭安全檢查表

這份清單只能做為參考。如果你需要特別諮詢，請找專業人士。

所有房間
地板是否高低不平會把人絆倒？
鋪在地上的毯子或墊子防滑且牢固嗎？
樓梯上是否有柵欄門來預防寶貝跌落？
欄桿的樣式有沒有讓孩子有爬上爬下的機會？
電源插座是否有加安全蓋？
是否已安裝電源保險開關，以防止漏電或觸電？
窗簾或百葉窗的繩子是否在孩子碰不到的地方？
傢俱的擺放會不會讓孩子容易撞到？
屋裡的吊扇有沒有防護裝置？
有沒有安裝足夠數量的火災警報器？
玻璃門和大窗戶的玻璃是否是安全玻璃，或者貼上薄膜？
推拉玻璃門上是否有貼膜以防止孩子撞上去？

廚房
孩子進入廚房加以限制了嗎？
滅火用具是不是伸手可得？
有沒有使用帶鎖的櫃子來放清潔劑？
酒精和化學藥劑是不是放在了孩子碰不到的地方？
瓦斯爐穩固嗎？
窗簾、百葉窗或其他懸掛物有沒有遠離爐灶？
刀、火柴和其他尖銳的物體是不是放在孩子碰不到的地方？
電源線或者燒水的壺是不是放在孩子碰不到的地方？
為了防止寶貝把鍋子拉下來，鍋把轉到裡面去了嗎？
客廳
電暖爐是不是放在孩子碰不到的地方？
電線沒有被拉得很長吧？孩子不會絆到或是拉扯吧？
像電視、書櫃、電視櫃這樣的大型傢俱是不是穩固？會不會砸到孩子？
傢俱上鋒利的邊邊角角包起來了嗎？
玻璃物品或容易被吞食的小物存放在孩子碰不到的地方了嗎？
提袋或錢包孩子夠得著嗎？
飯廳
熱飲放在孩子碰不到的地方了嗎？
用防滑餐墊代替桌布了嗎？
孩子的高腳椅子穩固嗎？
高腳椅子是否有安全帶？

臥室
傢俱擺放的位置有沒有遠離電器開關、吊扇和窗戶？
嬰兒床的欄桿間隔是不是在 5 到 8 公分之間？
孩子睡覺的時候，床上沒有毛絨玩具吧？
孩子睡的床安全嗎（不推薦使用上下鋪）？
為了避免手忙腳亂，換尿布用的物品放在觸手可及的地方了嗎？
放玩具的地方孩子不用爬高也能碰得著嗎？
玩具的狀況良好嗎？是否適合孩子的年齡？
房間裡有小夜燈嗎？
廁所
熱水閥門關閉了嗎？
從水龍頭流出的熱水溫度在攝氏五十度以下嗎？
與浴缸配套的水龍頭或配件不會讓孩子燙傷吧？
放清潔劑的櫃子上鎖了嗎？
刮鬍刀或其他危險物品放在孩子碰不到的地方了嗎？
廁所的電器比如吹風機放在孩子找不到的地方了嗎？
洗衣間
孩子可以隨意進出洗衣間嗎？
洗衣粉、洗衣精這樣的化學製品是否放在了孩子觸不到的地方？
尿布回收桶的蓋子牢固嗎？裡面的尿布滿了嗎？
洗衣機、烘乾機還有洗衣間的門關上了嗎？
院子

院子裡的儲藏室、地窖鎖好了嗎？
限制孩子不能自由進出車庫了嗎？
農藥、油漆等等有毒物品放在孩子拿不到的地方了嗎？標籤是否正確？
像池塘這樣有溺水風險的地方拆掉了嗎？或者做了針對兒童安全的防護了嗎？
游泳池有沒有安裝兒童防護欄或安全門？
院子的圍牆是不是沒有延伸到馬路或車道外呢？
院子裡的遊樂設施依然穩固且狀況良好嗎？
遊樂設施下地面是否鋪了軟墊以防孩子跌落？
院子裡的小路有沒有絆倒的風險？
孩子眼睛齊高的樹枝是否都被修剪掉了？
水管和園藝工具是否放到了孩子接觸不到的地方？

第 2 章

出門在外莫大意 —— 戶外安全篇

小寵物會「翻臉」 ── 不要與小動物親密接觸

　　現代生活節奏快速，許多家長被工作填滿，能夠照顧孩子的時間被大量壓縮。所以，很多家長都會給孩子一個特殊的玩伴，那就是小寵物。小寵物不但可以和孩子一起玩，讓孩子覺得沒有那麼孤單，還可以從小培養孩子的愛心與責任心。所以許多家長都會為自己的孩子精心挑選一個合格的「玩伴」來彌補自己不在孩子身邊的空白！

　　小動物們憨厚可愛，還毛茸茸的，自然會得到小孩子們的鍾愛。小朋友們與可愛的小動物相處親密，但是要注意，再溫順的動物也會有「翻臉」的時候，可能會抓傷咬傷孩子。而我們日常生活中最為常見的動物咬傷來自狗、貓、兔等寵物，不論被什麼動物咬傷，家長都要告訴孩子，如果父母或其他成人在身邊就要尋求幫助，如果身邊沒有可以求助的人，自己要學會一些簡單的傷口處理，然後再及時聯絡並告訴父母。

【場景小故事】

場景一

　　一天放學後，六歲的王珊珊領帶著自家的兩條小狗在社區花園裡散步。當行至一個車庫時，珊珊的兩條小狗發現了車庫中有一隻大花貓，當下就衝進車庫與大花貓打鬥起來。

　　看到這一幕，王珊珊開始著急了，心裡面也怕自家的小狗

受傷，就進入車庫將狗抱起，並用腳踢那隻大花貓。經珊珊這麼一踢，大花貓對王珊珊的小腿連抓帶咬，導致她的小腿被咬傷。貓的主人王先生聞訊趕來，把王珊珊送到醫院治療，並及時注射了狂犬疫苗。

場景二

五歲的小偉是在奶奶家樓下玩耍時，遇到一隻流浪的小黑貓。小偉見到小黑貓可愛，於是就伸手逗牠玩，誰知小黑貓扭頭就咬了小偉左手一口。回家跟奶奶說了後，奶奶也只是簡單地用清水沖洗了一下小偉的傷口。而且奶奶也沒看見小偉手上有什麼明顯的傷口，所以就認為沒事了。可是過了兩個月，小偉喊著左手臂很痛，媽媽這才發現孩子左手手肘處有腫塊。詢問之下，小偉才說自己曾被貓咬傷過。

第二天，媽媽帶著小偉去接種了狂犬病疫苗。並在醫院治療，一週後仍不見好轉，於是家人將其轉到更大的醫院治療。現在，小偉的腋下和肘部等處淋巴結都有腫大，左手靠近虎口處有一個腫起來的不明顯的傷口，經診斷小偉患上了罕見的「貓抓病」。

【安全知識課堂】

很多家長為了將孩子教育成為一個有愛心的人，經常會帶孩子去餵養流浪的小貓小狗，但是家長們千萬要記住告訴孩子，不要與流浪的小貓小狗進行太親密的接觸。否則可能會出

現被流浪小動物咬傷的情況，一旦被動物咬傷要做到以下幾點：

1　被動物咬傷後，如果傷口一直在流血，不要立即止血，因為流出的血可能含有毒素，也有可能帶走傷口內一些細菌和毒素。

2　停止流血後要立即對受傷部位進行徹底的清潔，然後去找身邊的成人（家長或老師）帶自己到醫院去消毒，不可不消毒就包紮。

3　嚴禁用口對著傷口吸吮，這樣病毒會傳染得更快。

4　清洗時用清水，最好是生理食鹽水沖洗傷口，清水至少沖十五分鐘，再用碘酒做簡單的消毒，在抵達醫療機構前做好緊急處理。

5　要「盡速去除螫針」、「局部冰敷」及「使用止痛或抗組織胺藥物」，以改善局部症狀。在被螫傷的部份，找出蜂刺，用指甲、刀片或信用卡輕輕的將刺刮去，不要用手擠壓也不可在傷處抓癢，以免再次刺傷自己或注入更多毒液。用水清潔傷口，一方面避免感染、另一方面可除去蜂隻留下的費洛蒙，避免吸引更多蜂隻前來叮咬。如果會過敏的人，一定要把握時間盡速就醫，否則很可能產生毒性反應。

6　不論是否被感染狂犬病的動物咬傷或抓傷，一定要在三小時內去注射狂犬疫苗，以免發生生命危險。如果超過兩天再打疫苗，大多數情況下難以阻止發病。

7　如果傷口不是很嚴重，盡量不要縫合，也不要包紮。對需

要縫合的較大傷口，一定要聽從醫生的指示，不可自己胡亂包紮。

善良的孩子們有愛心是好的，但那些流浪的小動物身上總會帶有各式各樣的病菌。所以，家長一定要告訴孩子，在和這些流浪的小動物接觸時，要注意保持距離，注意分寸。最好有大人待在孩子的身邊，這樣出了意外，也能夠及時處理，將傷害降到最低！

野外植物摸不得 —— 不要亂摸不知名的植物

對於美的東西，大家總是趨之若鶩。不少人看到美麗的花花草草，總是想著把它們帶回家。植物太美麗了，大家的焦點都放在漂亮上面，難免忽略它們身上所攜帶的危險。

一些花卉容易導致人發生過敏，如月季、馬櫻丹、洋繡球、天竺葵、紫荊花等，碰觸後就可能引起皮膚過敏，出現紅疹，而且奇癢難忍，對於忍耐度低的孩子來說是更難以忍受。此外，一些仙人掌類植物、玫瑰屬植物上都長有尖刺，很容易刺破孩子稚嫩的皮膚。

除了帶毒植物外，一些植物的香味也可能讓孩子的身體發生不適，如夜來香、鬱金香、馬櫻丹等花卉，兒童則對這些氣味敏感和不適應。且夜來香的花粉還容易引起過敏，引發皮膚發炎。此外，蘭花、百合花所散出的香氣會令人過度興奮而引

起失眠；紫荊花花粉如與人接觸過久，會誘發哮喘或使咳嗽症狀加重；松柏類花木的芳香氣味會刺激孩子的腸胃，影響食欲。

看見上面這段話，相信不少家長都冒了一身的冷汗。對於植物，大家總是放鬆警惕，根本就沒有什麼防備之心。但是，如果對這些植物處理不當的話，讓孩子遭受痛苦，那家長後悔就來不及了。

尤其當家長們帶孩子去接觸大自然的時候，一定要告訴孩子不要亂摸那些不知名的植物，要時刻注意保護好自己。

【場景小故事】

場景一

老師帶領一年級的小朋友們到野外去校外教學，一路上風景優美，花草飄香，同學們個個都像快樂的小天使一樣，自由地在田野上奔跑雀躍。琳琳看到路上的花草都這麼漂亮，忍不住摘了一朵花、拔一株草聞聞，快樂的她此時早已將老師出發前所講的注意事項拋到了腦後。快到中午琳琳開始覺得自己的手非常癢，而且還有微微的紅色，她用指甲抓了抓感覺更癢了，於是就去找老師幫忙。

老師一看她的手就明白發生了什麼事情，問她：「妳是不是亂摸路邊的植物了？」琳琳不好意思的低下了頭。老師用礦泉水幫琳琳洗了手，又為她塗了點藥膏，很快琳琳的手就不癢了。

場景二

李小姐在花市買了一盆佛手蓮擺在客廳裡，買回來沒多久的晚上，李小姐的女兒在家玩耍時，不小心拔掉了一片佛手蓮的葉子並好奇吃了一口。李小姐並不知道女兒的這一舉動會有什麼不良的影響。就沒有特別在意，她也沒有想到植物能會有什麼毒素。

可是，過了幾分鐘，李小姐的女兒開始哭鬧不已。李小姐一看大驚失色，女兒的嘴巴腫了，舌頭也僵了，李小姐急忙把孩子送到醫院。

醫生診斷後，稱孩子可能是誤食了有毒的東西，但還好情況不是很嚴重。當李小姐告訴醫生孩子吃了一口佛手蓮的葉子，這才知道佛手蓮是有毒的。其實李小姐只是想著買盆植物擺放在家裡淨化空氣，當裝飾品，沒想到卻差點害了寶貝女兒。

【安全知識課堂】

日常生活中，給人溫和印象的植物也可能會對孩子造成傷害。尤其是到野外的時候，經常會被植物割傷。所以家長在帶孩子到出去玩之前，一定要叮囑孩子不要亂摸野外植物，孩子的好奇心強，在野外遊玩的時候，看到沒見過的植物總是想摸一下，這樣就容易造成傷害。如果受傷卻不知道怎麼處理，那結果就會越來越嚴重。

第 2 章 出門在外莫大意─戶外安全篇

1 葉片割傷

如果孩子不慎被植物的葉子割傷，千萬不要疏忽大意。因為有一些美麗誘人的花木對人體有害，含有有毒物質，如杜鵑花、含羞草等。當毒素經由傷口浸入皮膚，會造成感染，出現化膿。如果只是一些普通的葉片割傷且傷口很淺，要先用沖洗乾淨然後再塗點碘酒；如果葉片割傷過深，最好是到醫院消毒、包紮。如果被一些有毒植物的葉子割傷，要馬上清洗所有與該植物接觸過的皮膚。如果出現疹子，就使用冰過的溼毛巾敷在上面來緩解症狀，並及時到醫院檢查。

2 花刺刺傷

帶刺的植物容易刺傷皮膚，如果刺留在皮膚裡，時間長了會化膿，一定要及時處理：（1）如果是皮膚表面被刺，可以用膠帶黏住小刺，把刺黏出來。這樣拔刺不但快且方便，也能夠拔得乾淨。（2）如果刺比較大，或者刺進皮膚較深。可用酒精擦拭過後再用火燒過的鑷子把刺拔出，然後在傷口上塗上碘酒。（3）如果自己沒辦法把刺取出來，要馬上到醫院去檢查。

3 誤食有毒花草

帶孩子到野外去遊玩時，一定要叮囑孩子不要吃野外的植物。因為一些花草含有毒素，誤食後會刺激口腔黏膜，使黏膜充血、水腫，導致吞咽甚至呼吸困難，嚴重時還會出現嘔吐、腹痛、昏迷等急性中毒症狀。一旦發現孩子誤食有毒花草要及

時撥打一一九，當下立即讓孩子吐出有毒植物，並聽從救護人員指示處理。

很多家長都會被植物美麗的外表欺騙，於是就對植物沒有戒心，在家中擺設時避免有毒植物，才能在利用植物美化環境的同時，又保護家人的健康！

好像是中暑了 —— 預防孩子中暑

夏日炎炎，孩子在外面玩得臉蛋通紅，滿頭大汗。細心的家長要學會判斷孩子是不是中暑了。當孩子出現渾身發燙、體溫升高，同時顯得煩躁不安、頭痛噁心、心慌無力，甚至突然昏倒、四肢肌肉發生抽動時，就是中暑了。

悶熱的夏天，熱量在人體內越積越多，不易散發。體溫就會從平時的三十七度左右升到四十度以上。這時，調節體溫的「總司令」下視丘控制失常，不能正常指揮出汗，使人體的蓄熱大於散熱。當體溫達到四十二度以上將會造成腦、心、肝、腎等重要臟器的功能受到損害，甚至危及生命。因此，對於中暑，要及早發現，盡快治療。

【場景小故事】

陽陽蹦蹦跳跳的上了幼稚園的校車，陽光也是明媚的刺眼！可是……當陽陽的媽媽再次看到他時，是這樣的場景：陽

陽光著身子，眼角掛著淚水，鼻子上有點血，嘴唇微啟著，身體呈紫藍色，肚子腫脹，再也醒不過來。

　　原來，因為幼稚園老師的疏忽，陽陽被遺忘在校車內，在烈日下悶在車上七個小時，就這樣，一個活潑可愛的小生命，成了一具屍體。

　　最近每天都高溫，成成被媽媽從幼稚園接回來以後，媽媽發現他有些不太對勁。那麼熱的天氣，爬完樓梯回到家以後，成成的身上連一滴汗都沒有。坐在沙發上沒多久，就開始說頭暈、沒力氣、想睡覺。媽媽這下著急了，成成大概是中暑了。於是就馬上找來綠油精，給他擦在額頭和太陽穴，大概是被綠油精涼到，成成開始哭鬧。如此大動作的哭鬧，成成的身上還是沒有一點汗流出來，渾身的皮膚都很灼熱就是不出汗。這可把媽媽給嚇壞了，抱上成成就往醫院跑，所幸最後無大礙！

【安全知識課堂】

　　所謂中暑，簡而言之就是身體所產生的熱能無法由正常的管道排除，進而發生一連串的症狀。

　　天氣太熱時，即使是大人也會不慎中暑，何況孩子的體溫調節中樞還沒有發育完全，如果在日光下暴露的時間稍長一些，往往因不能及時有效調節而使體溫快速升高，由此引起中暑。

　　在中暑之前會有一些跡象，像是口渴、注意力不集中、大

汗淋漓、身體無力；輕度中暑時，體溫突然升高，臉色發紅而皮膚乾熱；重度中暑時，會臉色蒼白，脈搏微弱、呼吸加快，神智不清，甚至抽搐。當出現這些症狀時應立刻進行緊急救助。當然了，家長也能採取一些措施來預防孩子中暑。具體如下：

1. 居室要經常通風透氣，室溫和溼度不可過高，室溫保持在二十四度至二十八度，溼度百分之六十到六十五較為理想。

2. 天氣炎熱時，孩子可能會睡不著，延後入睡時間，可能就會擾亂孩子的生理時鐘，因此讓孩子的體力下降，耐熱能力減弱，輕微受熱就會發生中暑。因此越是氣溫升高時，越應讓孩子嚴格按照固定作息生活。

3. 去戶外時，要給孩子穿得清爽，薄厚要適度，不可在毒辣的陽光下玩耍太久或做劇烈的運動，最好在陰涼處活動。別忘了給孩子戴上一頂輕便的遮陽帽以保護頭部，要不然很容易中暑。

4. 由於氣溫高，孩子出很多的汗，因此要注意水分補充。除了多喝溫開水外，還可在飲食上給孩子喝些清熱消暑的食物，尤其是在戶外活動後，更要馬上給孩子喝水，出汗太多時，可喝一點加鹽的飲料，以補充身體所需水分。

5. 帶孩子外出時，千萬不可以把孩子留在汽車內，即使是停在陰涼處。陽光會不停地移動，可能過了一下汽車就完全暴露在強光下了。沒多久，車內的溫度就會急劇上升。雖

然車窗開著，卻像是個烤箱，孩子很快就會中暑，甚至熱衰竭，產生生命危險。

陽光有時溫暖和煦，給大家帶來溫暖。但是夏天的驕陽卻是熱辣甚至可以奪人性命，凡事都有兩面性，不會全然的好或壞。夏天的高溫無法勸退孩子玩樂的熱情，這就要家長們多費心了，眼睛要像孫悟空的火眼金睛一樣，可以立刻覺察孩子身體上所出現的異常情況，同時也要告訴孩子，如果玩累了，感覺身體不舒服，一定要馬上告訴家長。家長與孩子攜手對抗中暑！

野外遇火不要慌 —— 培養孩子預防火災

在夏季去到乾燥的山林，運氣不佳很有可能遇到山火，森林火災中對人身造成的傷害主要來自高溫、濃煙和一氧化碳，容易造成中暑、燒傷、窒息或中毒，尤其是一氧化碳會降低人的精神敏感度，中毒後不容易被察覺，因此掌握逃生要領就顯得十分重要。在乾燥的天氣或區域中，茂密的叢林和草原火災發生的機率較大，火勢蔓延速度極快，我們絕不可輕視山火的威力。山火在白天比較難看見，應隨時留意空氣中的飛灰和火煙味。如發現山火，盡速遠離火場，如果無法脫險，要保持鎮靜。就地取材，盡快做好自我防護，將山火濃煙的危害降到最低。

野外遇火不要慌—培養孩子預防火災

【場景小故事】

一個星期天，思凱和其他幾個同學一起去爬山，春天的山可真美！小草從沉睡一個冬天的大地裡探出小腦袋，小樹枝也發出了嫩芽，在嫩芽中間還夾雜著含苞待放的花蕾，小鳥在樹枝上蹦蹦跳跳地唱著歡樂的歌。

大家正沐浴在這美好的春光中，突然，思凱看見對面的山頭上冒出一股濃黑的煙。漸漸地被風拂過，飄散開來。他馬上察覺到發生了山火，他對大家說：「你們看，對面山頭的煙越來越多，應該是有火燒山，在這裡很危險，我們回去告訴大人去救火吧。」於是，在思凱的帶領下，大家開始焦急地往回走。

沒多久，濃煙隨著風吹迅速增大。小朋友們也加快腳步，最後終於安全地回到了家中。這時消防隊已經在趕往火場的路上了，遠望山巒，煙已經變少，卻能夠看見火光。又過了一段時間，山上火光衝天，將半邊天染得通紅，此時的風也更大，火勢也更加猛烈，沒多久，就看見大片的火焰竄上山頂。最後消防隊員經過十多個小時的努力，才把山火撲滅。

【安全知識課堂】

在乾燥的天氣或地區，山火順風蔓延的速度極快，絕不可輕視山火的威力。不管是為己為人還是保護大自然的生物及美景，無時無刻都應該小心火種。切勿在非允許的燒烤地點或露營地點生營火煮食；吸菸人士應避免吸菸；菸蒂必須完全弄熄

才可拋棄於垃圾桶內或帶走。

　　切記山火蔓延速度極難估計，如發現遠處有山火，也不應冒險嘗試繼續行程，以免為山火所困。遇到山火時應保持鎮靜，切勿驚慌。切勿隨便試圖撲滅山火，除非山火的範圍很小、確實處於安全的地方、有可逃生的路徑。不過最為重要的還是讓家長培養孩子預防火災的知識：

1　到野外遊玩時要隨時注意空氣中的飛灰和煙味。要小心火種，避免人為引起的火災。

2　在沒有成人帶領的情況下，孩子不可在野外生火，如野炊煮食或燃篝火。如果在特殊情況下需要這樣做，那一定要選擇在適合的或指定的地點。做好防火措施，如用石塊壘砌防火牆。

3　因為大多數戶外用品和露營裝備都是易燃織物，所以不要在帳篷內放置火源及危險物品。

4　如果夜間露營生了營火，在要休息時，要把營火滅掉。可以用土掩埋或用水澆滅，火滅後不要馬上離開，要仔細檢查一下，確定火源真正熄滅後再離開，在離開野炊地點或露營地點時也要用同樣的辦法把火熄滅。

如果一旦遇到火災。家長可告訴孩子按照以下步驟進行：

1　發現前面出現火災，要提高警覺，千萬不要冒險繼續前進，更不要試圖撲滅山火。應改變路線遠離火災。

2　如遇到山火一定要保持鎮靜，切勿驚慌失措，判斷火災情況，判斷哪條路線能夠盡快逃離火場。

3 　冷靜觀察野火的蔓延方向、火勢大小、著火時的風向等，逃離方向千萬不能跟火蔓延的方向一致，也就是不要順風跑。要選擇已燒過火或者草長得比較稀疏、坡度比較小的地方，用衣服蒙住頭，逆風衝出去，進入已燃燒過、安全的地方。

4 　觀察周圍的環境，選擇自己熟悉且障礙物較少、坡度小、易逃走的道路逃生。

5 　選擇植物較少的方向，切勿走進矮小密林及草叢中，山火在這些地方可能會蔓延得很快而且溫度也較高。一般來說，山火都是順向坡從下向上蔓延，所以在逃生時，不要往山上走。通常火勢向上蔓延的速度要比人奔跑快好幾倍。如果被大火包圍在半山腰，要爭取快速尋找安全路線向山下跑。

6 　當煙塵襲來時，用溼毛巾或衣服捂住口鼻迅速躲避。躲避不及時，應選附近沒有可燃物的平地臥倒避煙。不可選擇低窪地或坑、洞地帶，因為低窪地和坑、洞地帶容易沉積煙塵。如果煙霧很大的話，就在地上挖個小土坑，緊緊地貼住溼土呼吸，這樣可以避免煙霧的傷害。

7 　要用水淋溼手帕或棉布織物，捂在口鼻上阻擋吸入有害的氣體，避免因有害氣體引發的窒息。如煙不太濃，可俯下身子行走；如為濃煙，就要匍匐前進。在貼近地面三十公分的空氣層中，煙霧較為稀薄。因為煙火上行，所以人要下行。

8 　如果已被火圍困，應利用所有水資源淋溼衣物包裹住裸露

的肌膚，逃進已焚燒過的地帶，可減少身體受傷的機率。

9　如果衣物已經被點燃，應該迅速脫掉丟棄，避免燒傷皮膚和引燃頭髮。如果自己穿的是合成纖維衣物要提前脫掉。

10　順利逃離火災現場後，還要注意在災害現場附近休息的時候，防止蚊蟲或者蛇、野獸、毒蜂的侵襲。

都說大火無情，很多意外事件的發生都是我們難以預料到的，多告訴孩子一些逃生的本領。這樣即便家長不在孩子身邊，孩子也不至於手忙腳亂。

吃錯了食物會中毒 ── 預防孩子食物中毒

現今食品安全問題讓更多的人開始注重「病從口入」這句話的真正含義，小朋友們還處在快速生長和發育中，一旦吃了不乾淨或者不健康的食物，極易出現食物中毒現象。在日常生活中，小朋友因為吃了變質、有毒的動植物而中毒的事件時常發生。尤其是在夏季，氣溫較高、細菌生長快，稍有不慎，就會食物中毒，輕者上吐下瀉，重者危及生命，一定要多加注意，及早治療。

由於孩子身體機能尚未發育完全，日常飲食並不能完全按照成人的飲食習慣進行，然而，在日常生活中很多家長卻忽略了這一點，這讓孩子在日常飲食中很容易發生食物中毒事故。

吃錯了食物會中毒—預防孩子食物中毒

【場景小故事】

媽媽被小萱的嘔吐聲和哭聲驚醒了，她起床一看，小萱在廁所把飯全吐個乾乾淨淨，嘴邊還流著許多「絲」一樣的東西。這個場面讓媽媽嚇壞了，連忙問小萱怎麼回事？小萱哭著說：「我喝了檸檬水就吐了，喉嚨好痛。」聽她說完，媽媽連忙倒水讓她漱口，並讓她喝水稀釋腸胃。她拿起小萱剛才喝剩下的檸檬水看了看，又著急又生氣地對小萱說：「妳為什麼不仔細看一下，這是過了有效期限的飲料。」小萱的胃還因此痛了好幾天，吃不下飯睡不好覺。看到小萱那麼不舒服，媽媽在心疼之餘也責怪自己，當時應該及時把這些過期的飲料扔掉，避免孩子不看日期誤食後中毒。

【安全知識課堂】

二歲到八歲的孩子，正是活潑好動的年齡，對於外界事物缺乏判斷力又充滿好奇，經常就這樣吃出問題。孩子中毒的事件還有很多，有誤吃成人用的精神用藥、降血壓藥、化妝品等，總之孩子是抓到什麼吃什麼。

食物中毒是指吃了含有毒素或細菌的食物而引起的疾病。吃同一來源食物的人群會集體食物中毒，但由於各人體質不同，適應能力有強弱，發病也有先後。一般來說，孩子年齡較小，抵抗力弱，受到的傷害會更大。食物中毒的特徵是：噁心、嘔吐、腹瀉、拉稀，與急性腸炎很相似。嚴重的伴有發燒、脫

水、心血管功能障礙甚至死亡。

　　家長可以告訴孩子在懷疑自己食物中毒的情況下採取以下方法自救：

　　　1　如果孩子一人在家，發現噁心、嘔吐、腹瀉等症狀，要立即報告家長；若病勢過猛，就敲鄰居家門。請求幫助送往醫院。必要時爬也要爬出門外，至有人來往處呼救，即便昏倒也要倒在戶外，讓路人發現。

　　　2　一邊尋求別人的幫助，一邊用筷子或湯匙刺激咽喉嘔吐，或用手摳，要把吃下的食物吐出來。

　　　3　如果吃了變質的魚蝦引起食物中毒，可以取食醋一百毫升，加水兩百毫升，稀釋後一次服下。

　　另外家長在日常生活中也要做到以下幾點，以便預防食物中毒：

**　　1　飯菜要盡量現做現吃，避免吃剩飯剩菜。**

　　新鮮的飯菜營養豐富，剩飯、菜在營養價值上大打折扣，且越營養的飯菜，細菌越容易繁殖，如果加熱不夠，就容易引起食物中毒。吃後會出現噁心、嘔吐、腹痛、腹瀉等類似急性腸炎的症狀。因此，要避免給孩子吃剩飯菜，尤其放太久的飯菜。隔夜的飯菜在食用前要先檢查有無異味，確認無任何異味後，應充分加熱二十分鐘後才可食用。

2 有些食物本身含有毒素，需正確處理才能安全食用。

比如：扁豆中含有對人體有毒的物質，必須炒熟燜透才能食用，否則易引起中毒；豆漿營養豐富，但是生豆漿中含有人體難以消化吸收的有毒物質，必須加熱到九十度以上時才能被分解，因此豆漿必須煮透才能喝；發芽的馬鈴薯會產生大量的茄鹼，使人中毒，不能給孩子食用。

3 盡量不要給孩子吃市售的加工熟食品。

加工熟食品如各種肉罐頭、各種肉腸等，這些食物中含有防腐劑和色素，容易變質，特別是在炎熱的夏季。而且有些食品的生產者未經許可，加工條件不佳，需要格外小心。如果選用此類食品應選擇在正常實體管道購買，且食用前必須經高溫加熱消毒。

4 避免讓孩子誤食過期食品。

已經買來的食品也應盡快給孩子食用，不要長期放在冰箱裡，時間長了也有可能會超過有效期限。還要知曉食品的儲藏條件，有的食品要求冷藏，有的要求冷凍，不能只看時間，食品在冷藏條件下存放十天與冷凍條件下存放十天完全是兩個概念。

要想預防食物中毒，家長一定要細心，更要讓孩子養成注意食品安全的好習慣，如此一來便能把細菌扼殺在搖籃之！

地震來了 —— 孩子要知道的避震知識

　　地震這種意外災害，人類是無法避免和控制的，但只要掌握求生技巧，也可以在災難中將傷害降到最低。面對自然災害強大的破壞力，人類很渺小，儘管孩子避震防災的技巧方法還需要不斷訓練強化，但讓孩子從小就學習在災難中保護自己十分必要。畢竟，地震不會告訴你它什麼時候會來

【場景小故事】

　　「清清，你們看見了嗎？」在救災現場，XX 中學的導師阿紅一直在尋找一個名叫清清的女孩子：在她心中，這個貧困家庭裡的小女孩，人窮志不窮，常在回家路上打著手電筒看書。

　　在碎石堆中，每看到一具學生的屍體被抬出來，阿紅就會默默流淚，「他們一天前還是活蹦亂跳的，怎麼一下子就變成了這樣呢？」

　　終於，清清被找到，救了出來。這個女孩隨身帶著看書用的手電筒是獲救關鍵，在黑暗的瓦礫堆中讓搜救人員看見了她。

　　與鄧清清一樣，另一名被壓在廢墟裡名叫瑤瑤的女孩在手腳受傷的情況下，一遍遍地哼著樂曲，靠著頑強的「鋼琴夢想」激勵自己不要入睡，最終戰勝死神。

【安全知識課堂】

　　九二一大地震讓我們開始注重地震避險，日本三一一大地

震再一次讓「地震自救」成為網路熱議的話題。地震發生時怎樣才能保證孩子的安全？

1　在操場或室外時，可原地不動蹲下，雙手保護頭部，注意避開高大建築物或危險物。不要回到教室去。震後應該有紀律且迅速地撤離。千萬不要跳樓逃生，不要站在窗邊，不要到陽臺！

2　地震無法預警，更有可能的是人在室內進行避震，千萬不要迷信黃金三角，此為錯誤資訊，躲在大型家具旁邊可能會遭遇更大的傷害，正確的地震保命三步驟為：「趴下（DROP）、掩護（COVER）、穩住（HOLD ON）」

3　在公共場所要聽從現場工作人員的指揮，不要慌亂，不要一窩蜂跑向出口，要避免推擠，避開人流，避免被擠到牆壁或柵欄處。在電影院、體育館等地方要注意避開吊燈、電扇等懸掛物，並用包包等物品保護頭部；等地震過去後，聽從工作人員指揮，守序的撤離。在商場、書店、展覽、捷運等處：選擇結實的櫃檯、商品（如低矮傢俱等）或柱子邊，以及內牆角等處就地蹲下，用手或其他東西護頭，注意避開玻璃門窗、玻璃櫥窗或櫃檯；避開高大不穩或擺放重物、易碎品的貨架；避開看板、吊燈等高聳或懸掛物。尋找桌子等可以提供掩護的地方，找到安全處要穩住掩護物以及自己，等待地震稍歇後逃生。

地震發生時，平日累積的自救知識或許就是躲過一劫的救命稻草。當然一些流傳於生活中的急救知識，有可能是假訊

息，家長要停看聽，多方求證，才能真的救命！

1　高樓向外跑。

破壞性地震從人有感覺到建築物被破壞，通常只需要幾十秒。如果家住透天厝，周圍也沒有高大建築物和高牆，可以迅速跑到屋外空曠地避險。如果家住高樓，在家中找到合適的位置避險，比盲目向外跑，生存機率會更大，不管在哪，趴下、掩護、穩住是最必要也是最重要的保命三步驟，切忌不能使用電梯，更不能盲目跳樓。

2　躲進廚房。

很多人都知道，小的房間適合地震避險。因此，有些人會認為小小的廚房是個不錯的選擇。而且廚房中還很容易找到食物，被壓埋後有食物來源能爭取更多等待救援的時間。但是，你忽略了地震避險的另一重要原則，那就是 ── 遠火近水。廚房裡不但存在瓦斯爐等火源和有毒氣體，而且微波爐、電鍋、電磁爐等電器也很集中。電路、火源和有毒氣體都是威脅生命安全的隱患。因此，廁所或書房等小的房間，比廚房更適合躲避。

3　發生地震找媽媽。

遇到危險找媽媽是孩子的本能反應。可是地震發生只有幾十秒的時間，自救顯然比找媽媽更有效。平日就要教會孩子地

震自救方法。比如要躲在靠近床鋪、桌子等支撐物的地方，或是牆角等地方。要遠離外牆、門窗和陽臺。用抱枕、枕頭等柔軟的物體護住頭部。尤其對於年紀稍大的孩子，一定要讓他建立「自己救自己」的觀念。

4 被壓埋後不停哭鬧。

地震發生瞬間的自救很重要，而更重要的是在被壓埋後，如何積極尋找自救方法，等待救援。告訴孩子，一旦被壓埋，不要害怕，也不要放棄希望，更不能驚慌失措，不停哭鬧，或盲目地大喊大叫。這樣很容易在短時間內消耗掉體力。要沉著冷靜地觀察周圍環境，尋找通道設法爬出去，如果實在無法動彈。就要注意聽地面上的動靜，聽到有人靠近時，再大聲呼救，或是利用口哨等發聲工具，甚至用敲擊鐵管等方式向外界傳遞訊號。請記住，保存體力是爭取救援時間的關鍵。

5 找到水源，一次喝個痛快。

積極尋找食物和水源是被壓埋後最重要的工作。告訴孩子，一旦找到水源或食物，不要一次全吃光。一定要按照十天計劃分配。實在沒有水源時，要接飲自己的尿液，以維持體力，等待救援。

對於一些較為災難性的事情，家長對孩子多少會遮遮掩掩，希望孩子不要去接觸這些不好的事情。可是，如果家長過於掩蓋災難的本質，讓孩子認為這個世界是由各種的美好而構

成的，那麼一旦地震等災難發生了，孩子不僅在身體上會受到傷害，心理上也會受到重創。他們會覺得，這個世界怎麼會和他們想的不一樣呢？身體上的受傷，經過調養會有恢復的可能，可是心靈上的傷害要想得到解決可是難上加難。所以，家長在災難這件事情上一定要夠「殘忍」，讓孩子去了解和明白這些不好卻有可能發生的事情，這樣一旦發生危險，他們也會知道該怎樣去保護自己！

不要輕信陌生人 —— 讓孩子時刻提防壞人

　　家長可以為孩子建立盡量安全舒適的生活環境，卻不能一直都圍繞在孩子身旁，讓孩子離開了家長，就無法獨立生活，所以家長要記住，孩子自我保護訓練必須從小時候開始，學會拒絕和提防陌生人是孩子知道保護自己最重要的一步。

　　孩子正處於成長階段，這是一個半幼稚、半成熟的時期，是獨立性和依賴性、自覺性和幼稚性錯綜複雜，充滿矛盾的時期。當他們的人生觀、世界觀還未完全形成時，他們眼前的世界已是紛繁複雜，有光明的一面，也有黑暗的一面，但幼小天真的孩童都大多都認為世界上每個東西都很美好，成了歹徒利用的心理。

　　而且孩子對誘人的食物、漂亮的玩具和其他新奇的東西感興趣，缺乏自制力的孩子很容易就會被誘惑。讓孩子明白，

無論別人給的是多麼誘人的東西，只要不是自己的，不經過爸爸媽媽同意，就不能隨便接受。拒絕誘惑是艱難的，家長平時就要擴展孩子的知識，盡量多得讓孩子接受周圍事物，見得多了，孩子就不會再大驚小怪了。

【場景小故事】

週末，小華和媽媽到菜市場買菜，媽媽選中一條活魚準備回家做魚湯。「小華，你在這裡等媽媽，媽媽把魚送進屋裡讓叔叔洗乾淨，好嗎？」媽媽拿著活蹦亂跳的魚對小華說。「好的，我在這裡等媽媽。」小華回答道。

就在媽媽進屋後，一個中年婦女走到小華身邊，滿臉堆笑地說：「小朋友，你這麼好看。阿姨好喜歡你啊。所以，阿姨特別去給你買了一個冰淇淋，快吃吧！」說著，中年婦女遞給小華一個冰淇淋。小華覺得很奇怪，「這個陌生人為什麼要給我東西吃呢？」就在小華不知所措的時候，媽媽出來了，看到這個場景，媽媽馬上拉著小華的手怒斥那個陌生女人：「妳是誰？妳在幹什麼？」中年婦女見情況不對，馬上轉頭跑了，冰淇淋也扔在了地上。

「媽媽，她為什麼要跑啊？」小華問。

「小華，以後陌生人送給你的東西都不能要，知道嗎？他們是想害你的。」媽媽很嚴肅地說。

「媽媽，我知道了。」

　　以後，小華謹記媽媽的話，無論是多麼誘人的禮物，只要是陌生人給的，小華都會嚴正拒絕。

【安全知識課堂】

　　家長在日常生活中要教會孩子時刻具備自我保護和防衛意識。不要輕信陌生人，因為從外表上看，壞人與常人沒有什麼區別，他的長相可能很醜惡。也可能很和善；可能是男性，也可能是女性。在孩子沒有任何戒備的情況下借機誘騙傷害孩子。所以，要讓孩子時刻提防壞人，小心上當受騙，不要接受陌生人的任何物品。在遇到陌生人時要注意以下幾點：

1　當陌生人故意接近時，應有所警覺，並置之不理，最好是迅速走開。如果大人不在身邊，有陌生人要帶你走，或要跟你去公園，或說跟你到父母哪裡時，不要跟陌生人走，不要吃陌生人的東西。如果遇到陌生人硬拉你走，要大聲，或用各種方式吸引周圍的叔叔阿姨注意。

2　不要吃陌生人的食品，不要喝陌生人給的飲料。不要接受陌生人送的錢財、禮物，不要被陌生人的玩具等物品所誘惑，更不要搭陌生人的車去玩。

3　家長要在日常生活中培養孩子的自控能力。如孩子在玩玩具時，看到家長端出一盤看起來很美味的蛋糕，他丟下玩具想馬上就吃。這時，家長可制止他，要求他先把玩具收拾好，把手洗乾淨，才可以吃蛋糕，以此來鍛鍊孩子的忍耐力，這能夠讓他面對陌生人的誘惑時，加強抵抗力。因

為有的孩子明明知道陌生人的食物是不能吃的,但他還是控制不住自己,最終伸手接受了陌生人的禮物。

4 每個小朋友都應該知道自己的幼稚園,家庭住址,家長的姓名。小朋友如果能記住自己家附近有什麼明顯的地標,有那些公車可以到達,萬一迷路,自己可以安全回家。但不知道路千萬不要隨意走動,要待在原地等待。

5 小朋友一個人時如果發現有遇到陌生人跟蹤你,就可以跑到附近的商家找大人求救,也可以找巡邏的警察幫助,或者隨便找一家人,在門口大聲叫:「爸、媽,我回來了」,假裝是你的家,壞人就會嚇跑了。

小孩也會暈車 —— 防範孩子暈車

很多父母想趁著假期帶孩子出遊,他們也許不會想到,在車馬勞頓中,孩子比大人更容易暈車,所以做好防暈功課至關重要。

暈車醫學上名為「暈動症」。兩歲以下的寶寶幾乎不會暈車,三到十二歲的孩子是最容易暈車的。暈車與耳朵中有平衡功能的前庭器官的刺激有很大關係。四歲以前孩子的前庭功能正處在發育階段,四歲後趨於完善,十六歲時才完全發育成熟,因此,小孩的暈車症狀比大人重,也更常見。專家認為,孩子本身的內在原因,如睡眠不足、胃腸不好、頭痛感冒等,都易誘發暈車。如果車輛顛簸得厲害,就有可能導致孩子前庭

器官高度刺激，引起暈車。所以，帶孩子乘車外出，需要做一些預防暈車的準備。

　　過去人們認為孩子愛暈車是因為營養不夠，體質太弱，但是現在不同了，生活越來越好，但仍有孩子會暈倒，原因常常也是各不相同。孩子暈車，大一點的會說不舒服，靜靜地蜷縮在一旁，眼睛緊閉，雙手緊抓座椅，並有噁心、嘔吐、煩躁的表現。而嬰幼兒不會說話，他們只能經由一些異常的舉動來表示。比如手舞足蹈、哭鬧、煩躁不安、出汗、嘔吐、臉色蒼白、抓緊父母不鬆手等，此時應想到孩子是暈車了。

　　這些症狀通常在下車後會得到好轉，暈車是因孩子的耳內前庭功能不適應車船無規律震動引起的。可在乘車前半小時左右口服暈車藥。另外，在空閒時，可帶孩子去乘車或到公園玩一些旋轉或顛簸的遊戲。經過鍛鍊，暈車情況會慢慢好轉的。有些孩子總是暈車，這是生理上的一種反應，可能是耳內半規管對振動過敏。

　　內耳前庭器過於敏感是導致暈車的重要原因，內耳前庭器是人體平衡感受器官，可感受人體各種特定運動狀態的刺激。前庭一直在觀察人體的位置，調整身體姿勢，以達到身體平衡。兒童由於神經系統發育不完善，前庭功能還不健全，對車、船等產生的不規則運動，哪怕是輕微的運動，都會造成神經功能紊亂而發生暈車。

【場景小故事】

這次放假假期短，路途又顛簸。君寶的媽媽就沒打算帶君寶回老家。怕路上太辛苦，小君寶吃不消。可能因為孩子太小的原因，硬是拉著媽媽要一起走，眼看著沒有辦法了，媽媽就帶著君寶上了回老家的火車。坐上火車，君寶的媽媽發現隔壁也有一位帶孩子回家的媽媽，心裡十分高興，心想這下君寶就有朋友玩了！

火車剛發動時，小君寶興奮極了，在車上這摸摸，那看看，和旁邊的小孩也玩得開心。

只是君寶突然聞到一股臭味，還以為是君寶拉臭臭了，急忙拉開紙尿褲一看，沒有。君寶媽媽放心不少。可儘管確認了君寶沒有大便，但是那股臭味還是沒有散去。

這時候君寶媽媽扭過頭看他，卻發現君寶顯得有點煩躁了，突然間哇的一聲，吐了。接著便一直無精打采的，就帶君寶去車廂比較通風的地方活動一下，君寶看起來好多了，但還是不肯吃東西，也不想喝水。

回到座位上沒多久，君寶竟然又吐了一次。這次吐完以後，君寶便安靜了下來，但是臉上還是有些蒼白。都說小孩子不可以吃暈車藥，君寶媽媽一時之間也想不出好辦法，只能讓孩子這樣難受著。真是盼望火車開快一點，趕快回家，這樣君寶就會舒服點了！

【安全知識課堂】

暈車的滋味大人都接受不了，何況是小孩子呢？

乘車前不要讓孩子吃得太飽、太油膩，也不要讓孩子餓著肚子，給孩子吃一些可提供葡萄糖的食物；平時多讓孩子運動，加強前庭功能訓練可減少暈車次數。同時可以抱著孩子原地慢慢旋轉或者經常乘坐電梯讓孩子進行短暫的適應加速運動和減速運動，稍大的孩子可以帶他們盪鞦韆、跳繩、做體操、走高度不高的平衡木等。對於暈車嚴重的孩子，乘車前最好口服暈車藥，劑量一定要按醫囑服用。

帶孩子乘車時盡量選擇顛簸較輕的位置，打開車窗，讓空氣流通。如果發現孩子有暈車，可以適當用力按壓他的合谷穴或者內關穴，可以減輕暈車症狀。對於嘔吐的孩子，嘔吐後讓他飲一點飲料，除去口中嘔吐物的味道。除此之外，家長還要知道：

1　維持所處空間的環境品質。

搭車時，可以使用冷氣，或把車窗打開讓空氣流通，且盡量使車內不要有汽油味，車內的人絕對不能抽菸。如果發現孩子有不舒服的現象，不妨停車讓孩子休息一下，或下車活動活動，呼吸新鮮空氣。

2　挑選座位。

挑選位於交通工具最穩處的座位，如搭機的話，最好不要

靠近機尾巴，或機翼，可避免搭機時受到混亂氣流的影響而眩暈。搭船同樣要避開船頭、船尾的位子。至於坐車，最不會暈車的位子依序為駕駛座、副駕駛座，但考慮到孩子的年紀，一定得坐在後座，使用兒童安全座椅固定，避免孩子因外在刺激因素而晃得太厲害。

3 分散孩子的注意力。

由於坐在後座的人，相對視覺和內耳前庭平衡系統感受的落差更大，因此家長可以準備孩子的玩具，分散孩子的注意力，而這個玩具最好是可以固定在車上。另外，誘導孩子凝視遠方的固定目標物，有助於他辨認身體是往前進的，若當時缺乏目標物，不妨改讓孩子閉目養神、睡覺，同時別忘了盡量固定他的頭部，減少顛簸的感覺。學齡前的孩子常因覺得坐車無聊，習慣在車上看書，這都是誘發暈車的因子，一定要禁止。

家長一旦發現孩子不對勁，有暈車的症狀，先不要著急，還是有緊急的解決辦法：

1 如發現孩子有暈車症狀，可以適當用力按壓他的合谷穴（合谷穴在大拇指和食指中間的虎口處）；用大拇指掐壓內關穴也可以減輕暈車症狀（內關穴在腕關節掌側，腕橫紋正中上兩寸，即腕橫紋上約兩橫指處，在兩筋之間）。

2 隨身攜帶紙巾，以備孩子嘔吐後擦拭；嘔吐後讓他喝些飲料，除去口中嘔吐物的味道。

3 若孩子頭暈，可在額頭上敷上冰毛巾，防止孩子噁心嘔

吐。如果是孩子說腸胃不舒服或有噁心症狀，可以給孩子吃少量的餅乾以緩和過於蠕動的腸胃。固體食物比液體食物消化得快，盡量給孩子吃固體食物。

4　打開車窗，讓空氣流通。

5　暈車嚴重的孩子，乘車前最好口服暈車藥，劑量不可過量並按醫囑服用，一歲以內的寶寶不能服暈車藥。

颱風來了怎麼辦 —— 颱風來了怎麼辦呢

一個發展成熟的颱風，結構分為颱風眼、眼牆、雨帶三部分。颱風的風力巨大，且會帶來致災性豪雨，所以會對人類的建築設施及生活帶來嚴重的破壞，甚至會危及生命。

【場景小故事】

在發布陸上颱風警報的消息後，大家都做了相應的防護措施，但初來乍到的旅遊人士及移民，尚未知曉颱風的危害，發生許多意外。例如，W 先生一家來臺旅遊，恰巧遇到颱風，W 先生的兒子好奇心很強，打開窗戶想感受一下，卻發現風力很大，讓屋內比較輕的物品都亂飛一通，自己也不能張開雙眼，甚至不能移動。還是工作人員協助一起將窗戶關閉才安然無事。

【安全知識課堂】

颱風危害主要是狂風、致災性豪大雨帶來的。

1　突遇颱風時。

如果沒有充足的時間進行預防，請前往堅固房屋躲避，選擇時要避免會有土石流或洪水襲擊的地方。千萬不要在臨時建築物、招牌、廣告看板、大樹等附近避風避雨。遇強風時，盡量壓低姿勢，切記不可以直立行走，人體很容易被吹起來。

如果住在帳篷裡，應立即收起帳篷，到堅固結實的房屋中避風。如果你已經在結實的房屋裡，應小心關好窗戶，在窗玻璃上用膠布貼成「米」字形，以防窗玻璃破碎。

2　關緊門窗少出門。

颱風來臨之際，狂風大作，暴雨傾洩而下。應提前做好防範措施，比如關緊門窗防雨，加固容易鬆脫掉落的物品，如招牌，移走窗臺或陽臺上的花盆以防砸落等等。同時，颱風來臨時，容易發生一些大型招牌掉落、樹木被吹倒、電線桿倒地的事情等一系列事故。檢查電路、爐火、瓦斯等設施是否安全。在颱風來臨時最好不要出門，以防發生被砸、被壓、觸電等意外。最好儲備足夠的食物和日用品，特別是熱量較大的食物，即使停電或者斷電時可以食用的食物，挺過颱風期。而颱風過後，若有玻璃破損，請及時更換。颱風可能造成停水停電等現象，也要提前蓄水。若有開車，應將車移到安全處避免泡水。

3　颱風過後需要注意環境衛生，注意食物、水的安全。

颱風過後會有很多病菌藉著積水滋生，所以要注意健康，

以防感染病毒，備足藥物，以防萬一。

走丟不要怕 —— 告訴孩子意外走散怎麼辦

　　一個小女孩在街上跟爸爸媽媽走散了，自己也迷失了方向，怎麼也回不了家，於是就大聲哭起來。這時候警察叔叔走過來說：「孩子，怎麼了？」小女孩哭著說：「我、我找不到家在哪，回不去！」員警說：「那妳家在什麼地方啊？」小女孩：「在樓上。」員警說：「妳爸爸叫什麼？」小女孩說：「親愛的！」員警說：「妳媽媽叫什麼？」小女孩說：「寶貝！」員警說：「妳家裡還有誰啊？」小女孩說：「還有我。」員警說：「那妳叫什麼？」小女孩說：「乖乖。」

　　上面的這個故事雖然是個笑話，卻說明家長在平時沒有教好孩子自我保護。如果家長不注意培養孩子的防衛意識，那麼就有可能發生上述這種情況。在我們的生活中許多家長經常會利用假日空閒的時間，帶孩子外出，在商場、大街、公園、超市等地都可以看到孩子們雀躍的身影。但有時候家長一個不注意，活潑好動的孩子就很有可能不在家長的視線範圍裡了。

　　身為父母，最擔心的就是孩子的生命安全，在時有耳聞的拐賣兒童案面前，有幾個父母能夠做到從容鎮定？在城市，轉眼間走失孩子的事件，更是屢見不鮮，稍加留意尋人啟示，就足以令家長們觸目驚心。冷汗淋漓。當然這些案例也在警示家

長們：孩子身邊必須要有專人看管。孩子獨自外出難免會迷路，家長應做到防患於未然。一方面，年齡較小的孩子不能讓其獨自外出；另一方面，帶孩子外出時，一定要看好他，防止走失。但最重要的還是要教育孩子，當自己走丟時怎麼辦？

【場景小故事】

場景一

一天下午，媽媽帶著四歲的小媛媛去商場裡買東西，她們在商場裡選了好多東西。就在媽媽準備掏錢結帳的時候，媛媛卻自己一個人從商場裡走了出來。等到媽媽結完帳提起東西回頭看她時，卻發現媛媛已經不見了！

這可把媽媽給嚇壞了，急得六神無主，匆匆忙忙在商場裡面轉了一圈，但是根本就沒有看到媛媛的蹤影，媽媽就請周圍的人幫著一起尋找媛媛，好心的民眾有的到車站守候，有的上街尋找，最終有驚無險，媛媛家的鄰居碰到了在馬路上大哭的媛媛，就把她帶回她家，結束這次驚魂記。

場景二

一天，婷婷跟著媽媽到菜市場買菜，因為專心看賣豬肉的叔叔磨刀，所以媽媽是什麼時候走的，婷婷一點也沒有察覺到，等婷婷看完回過神的時候，卻發現自己的周圍都是些陌生的面孔。而媽媽卻不見蹤影。

這時，婷婷的心裡又著急又害怕。如果真的找不到媽媽了，那要怎麼辦？不過她沒哭，而且還想起媽媽曾經跟她說過，如果走丟了就要在原地等著媽媽回來，不要亂跑，於是婷婷就一直站在原地沒有離開，可是她等了好久也沒見媽媽回來找她。賣豬肉的叔叔看她一個人動也不動地站在那裡，就走過來問她發生了什麼事情，婷婷知道這位叔叔每天都在這裡賣肉，肯定不是壞人，於是就告訴這位叔叔，她和媽媽走散了，在這裡等著媽媽回來找她。最後賣豬肉的叔叔帶婷婷到市場的廣播室裡用廣播找到了媽媽。

【安全知識課堂】

　　帶孩子出門原本是件開心快樂的事，但難免遇上突如其來的「狀況」，大煞風景，除了父母最擔心的走失，還有更讓家長驚嚇的拐騙，但又不可能不帶孩子出門，所以家長們一定要做好預防。

　　面對周圍熙熙攘攘的人群，錯綜複雜的大街小巷，孩子往往會不知所措，年齡較小的孩子甚至會恐慌和無助地大哭，或者高聲呼喊爸爸媽媽，也可能到處亂跑，如果遇上好心人會上前幫助他們，如果不幸被壞人撞上，隨便一句「帶你去找媽媽」、「送你回家」，就可以把孩子騙走。而發生意外失散的兒童，年齡大多集中在三到八歲。這一年齡層孩子的父母更要格外注意。家長在平時就要告訴孩子，走散時應採取以下應

對方法：

1　與爸媽走散時不要著急，也不要驚慌，更不要隨便跟陌生人走，要等待爸爸媽媽來找。如果等好久還不見爸爸媽媽，就要向穿制服的工作人員如保全、警察、服務員等尋求幫助。如果是在商場裡走散，可以請商場工作人員幫助尋找爸爸媽媽。

2　平時要訓練自己的認路能力和方向感，以便在走失的情況下找到回家的路。

3　父母應該把家庭住址、自己工作單位的全稱及電話號碼以及和父母關係密切的親朋好友的住址、電話告訴孩子，並要求孩子記住這些資訊。要告訴孩子如果迷了路或被壞人帶走，應找員警或撥打一一〇報警電話，更要學會一些緊急避險的方法。

4　平時就要記住乘坐哪一號公車能回到家，如果是年齡稍大的孩子就可以自己搭車回家。

5　在大型商場人多擁擠時，即便孩子可以自己走路了，父母也一定要拉住孩子的手，即使在玩具區，父母也不要放鬆警惕，不要讓孩子單獨去拿或者玩那些陳列在櫃檯上的玩具。如果孩子的體重在規定重量內，就讓他坐在購物車裡，否則就抱著孩子或者拉著孩子走。

家長注意，孩子懂得處理緊急情況，才能真正防止走丟。

遭遇擁擠人群 —— 教孩子遠離踩踏事故

　　在那些空間有限，人群密度又高的場所，例如商場、狹窄的街道、室內走廊或樓梯、電影院、酒吧、宗教朝聖的儀式上、超載的大眾運輸工具等都隱藏著潛在的危險，當身處這樣的環境中時，不管是成人還是孩子都一定要提高安全防衛意識。

　　近幾年來，在公共場所由於擁擠而發生踩踏事故並造成人員傷亡的事情時有發生。碰到緊急情況都可能會因為擁擠、奔跑而形成無法控制的人流，造成人員的擠傷、踩傷。對於年幼體弱的孩子來說，會造成更為嚴重的傷害。對於身處公共場所的個人來說，學會如何判別危險，如何離開危險地帶，如何在險境中自我保護非常重要。而對於孩子來說這一點就顯得更為重要，學會自我防範才能多一分安全。

【場景小故事】

場景一

　　某小學全體學生在老師的帶領下，興高采烈地去登山。一個多小時後，他們來到山腳下。一眼望去，上山的路只有一條，而且還是呈階梯狀的石路。孩子們開始一邊爬山，一邊興奮地欣賞著山路兩邊的景色。每一層的臺階上都擠滿了又蹦又跳的孩子們。忽然，不知誰從山頂喊了一聲：「野獸來了，快跑呀！」孩子們受到了驚嚇，立即慌慌張張地往下跑，現場一片混

亂。此次事件，踩死踩傷了幾十名小學生。

場景二

正值放學時間，某校突然發生停電，教室二、三、四樓的學生正用樓梯往下走。學生們剛開始還摸黑走了幾分鐘，突然，部分下樓的學生在一個樓梯轉彎處發生推擠騷亂，接著就有學生摔倒了，黑暗的樓道裡有學生被踩得放聲大哭。一些不知道發生了什麼事的學生被嚇得從教室裡直往外跑，結果造成十多名學生被踩倒在地，釀成慘劇。

【安全知識課堂】

在擁擠行進的人群中，如果前面有人摔倒，而後面不知情的人若繼續前行的話，人群中極易出現像骨牌一樣連鎖倒地的推擠踩踏現象。

在人多擁擠的地方發生踩踏事故的原因有很多種，通常當人群因恐慌、憤怒、興奮而情緒激動失去理智時，危險往往容易產生。如果你此時正好置身在這樣的環境中，就非常有可能受到傷害。在一些現實的案例中，許多傷亡者都是在剛剛意識到危險就被擁擠的人群踩在腳下，因此如何判別危險，怎樣離開危險境地，如何在險境中進行自我保護，就顯得非常重要。家長可以從以下幾點人手進行指導：

1　不要一個人進入人群密集場所，當身處一個空間有限、人群集中的公共場所時，首先要提高安全防衛意識。

2　當身處擁擠的人群時或發現擁擠人群正向著自己行走的方向湧來時，要想辦法馬上躲到一旁，但不要奔跑或用蠻力推人，以免被推倒在地。

3　如果發現路邊有可以暫時躲避的地方（商店、餐廳等），要暫避一下，以免陷入擁擠的人群中。但不要靠近店鋪的玻璃窗，以免因玻璃破碎被紮傷。

4　如果已經陷入人群，又無法躲避時，一定要先穩住雙腳，切記要和大多數人的前進方向保持一致，不要試圖超過別人，更不能逆行，要跟隨人流。不要採用身體重心較低或者上身前傾的姿勢，也不要把手放在口袋，以免被推倒。即使隨身攜帶的物品掉了或鞋被踩掉了，也不要彎腰。

5　如有可能，要抓住身邊堅固牢靠的東西（如路燈、路旁的樹木等），待人群疏散後，再離開現場。

6　發現前面有人突然摔倒，要馬上停下腳步，同時一定要大聲呼喊：「有人摔倒啦！」，告知後面的人不要繼續向前，避免發生踩踏事故。

7　走路時要注意腳下，要防止被絆倒，避免自己成為擁擠踩踏事故的誘發者。若被推倒，要設法靠近牆壁，使身體面向牆壁，同時將身體蜷成球狀，雙手在頸後緊扣，以保護身體最脆弱的部位。

一定要謹記這些注意事項，只有這樣才會在意外降臨的時候，做到臨危不亂，以及更好的保護自己不受傷害！

社區內也有危險 —— 警惕社區藏隱患

有了寶寶後，每位家長都希望孩子能夠健康快樂的成長，所以很多家長在置產的時候都會考慮社區內是否有好的環境，包括社區裡的社區環境、供兒童玩耍的設施是否齊全，希望寶寶出生後可以在社區裡有比較大的活動場所。除此之外，許多家長都因抱著「社區外人沒那麼多，比外面要安全」的心理而忽視了孩子在社區裡也會遇到危險的問題。

【場景小故事】

「哇哇……」聽見熟悉的哭泣聲，楊小姐連忙打開門一看，原來是自己的兒子。

家住某社區的楊小姐一家吃完午飯，孩子向她提出要求去同學家玩。考慮到兒子的同學也住在同一個社區，楊小姐不假思索地就同意了。

可是，不到一個小時，她正在家裡忙碌時，突然聽見門外傳來熟悉的哭泣聲。開門一看，孩子哭得淚眼汪汪。「怎麼了？」一番詢問才得知，孩子和同學一起在社區內的假山上玩耍時，一不小心，孩子直接從兩三公尺高的假山上滑了下來。

「說過多少次了，假山上危險，讓你不要去玩，為什麼不聽呢？」她摸著孩子起了包的後腦勺，責備起來。

孩子不小心從假山上摔了下來，頭上起了個大包。楊小姐

找到社區管理員,「假山周圍為什麼不安裝圍欄,那麼多孩子在那玩,萬一摔出重傷了怎麼辦?」

【安全知識課堂】

如今城市的社區建設都很漂亮,社區內不僅環境優美,而且有足夠的空間供居民休閒。由於社區的環境好,有的家長把小孩帶到社區玩耍,任由小孩子在社區內追逐,家長則在一旁聊天;有的家長沒時間陪小孩玩,乾脆讓學齡前的兒童獨自到社區玩耍。

社區裡遊玩需要注意安全嗎?當然要。因為社區也是公共場所,它也存在著安全隱患。

1　鞦韆

鞦韆幾乎是每個社區都有的遊樂設施,有的社區還有好幾處。環境設計專家特別指出,鞦韆產生意外的關鍵是鏈條(或繩索),除了被鞦韆鏈條(或繩索)勒住脖子的不幸意外,也有被金屬鏈條夾傷的事件發生,這與鞦韆鏈條的設計、鞦韆與旁邊物體的安全距離、孩子本身的使用方式都有關係。

有些小孩在玩鞦韆時會不按常理盪起落下,而是在原地繞,這樣鞦韆鏈條(或繩索)就很容易纏在一起。一些被鞦韆鏈條(或繩索)勒死的意外事故通常都是因為這個原因。一旦鏈條打結,以小孩的能力就很難掙脫。

預防和應對

在玩鞦韆之前，爸爸媽媽們首先要檢查一下鞦韆的鏈條（或繩索）是否穩固，鏈條（或繩索）是否有缺陷，鞦韆椅上是否有釘子之類的致傷物等等。在小孩盪鞦韆時，千萬不要離開，以免鞦韆鏈條（或繩索）纏繞或者孩子從鞦韆上摔下來。

2　翹翹板

所有類似蹺蹺板、搖椅平衡的設備，對於年幼的孩子可能是個比較危險的玩具，因為坐在翹翹板一端的孩子，往往會出乎意料地從蹺蹺板上跑開，而致使另一端的孩子來不及反應，從器械上摔落。

預防和應對

在孩子坐翹翹板之前，一定要叮囑孩子抓住扶手，爸爸媽媽也最好站在旁邊，隨時可以抓住翹翹板，保證安全。對於孩子來說，最理想的是那種類似蹺蹺板，但僅限一人使用的活動器材，如搖馬、搖椅等等，孩子能依靠自己的力量來使它搖擺取樂。

3　溜滑梯

溜滑梯是社區裡最常見的設施，也是小孩們最喜歡玩的遊樂設施。現在的溜滑梯，很多都是具有多項功能的，可以練習小孩的攀爬能力等多元運動能力。正因為功能多，危險程度也

高。小朋友之間的推擠、搶奪都會產生從高處掉下來的可能性。

預防和應對

爸爸媽媽首先要了解這個設施是否安全，在玩之前，先仔細的檢查一遍或是親自動手去摸摸、碰碰，看看設備是否穩固有無危險，或是有突起的尖刺會刺傷孩子的手。其次也要清楚的了解孩子本身是不是有能力使用這個設施。不到三歲的寶寶手部肌肉力量不足，勉強玩攀爬架就有可能造成危險。當孩子在玩溜滑梯時，爸爸媽媽最好在旁邊看，不要離開太遠

4　單、雙槓

社區裡的單、雙槓器械通常都是成年人或老人的健身設施。但也會有很多孩子會很好奇，也想上去拉一拉。但是孩子的力氣很有限，常常拉不到一分鐘就吃不消了。這就有些危險，萬一旁邊沒人照顧，就有掉下來的危險。

預防和應對

單、雙槓可以練習孩子的臂力，爸爸媽媽最好先檢查一下周圍有沒有一些硬物或者鐵釘之類的東西。在孩子做這些運動時，手不能離開他，並隨時控制孩子的運動量，以免被拉傷。

5　沙坑

沙坑的危險常常被爸爸媽媽們忽視，其實沙坑也不是最安全的地方。一些沙坑裡常常被調皮的小朋友埋硬物，鐵絲、樹

枝等等，會傷到孩子的腳底。一些飛揚的沙子還會飛到孩子的眼睛裡，對小孩的眼睛是很大的傷害。

預防和應對

去沙坑玩耍時，要注意沙坑裡是否有異常的地方，是否被埋異物。隨身帶一些乾淨的紙巾，最好是溼紙巾，隨時給孩子擦擦雙手，以免把沙子揉到眼睛裡。如果孩子的腳底被刺破，立即回家清洗乾淨，消毒並包紮好；如果是被生銹的釘子等刺破，必須去醫院打破傷風針。因為沙裡細菌很多。告訴孩子不能亂拋沙子，看見其他小朋友在拋沙子，也要立即制止。

另外，還有其它需要一些注意的地方：

1 與其它小朋友互動的狀況

因為社區裡通常有很多的小朋友一起玩，爸爸媽媽要注意小朋友太多的時候，是否容易發生推擠或跌倒的狀況，注意孩子與其它小朋友的互動，以減少跌倒或擦傷等情況的發生。

2 環境的清潔

在外遊玩之後，一定要注意消毒乾淨，因為社區是公共場所，小朋友在一起玩，除了接觸傳染、飛沫也會傳染，因此，最好注意環境是否通風良好？注意避免孩子將公共的物品放在嘴裡，注意孩子的手部清潔與消毒，避免感染傳染病。

3　讓孩子在自己的視線範圍之內

不管什麼時間和場合，讓小孩都在自己的視線範圍內，千萬不要因為爸爸媽媽的一時疏忽，而造成無法彌補的遺憾。要避免發生意外傷害，最好的方法還是爸爸媽媽自己要照顧周全。爸爸媽媽平常就須對環境有完整的了解及能夠應變各種意外災害，有充足的知識，才是避免意外發生的最好方法。

4　多檢查環境和孩子的衣著

在遊玩時，你必須多一點心眼：檢查一下遊樂場的鞦韆、攀趴架、溜滑梯的表面是否有較疏鬆的材料，比如沙子、石子、樹木的根或者碎屑、危險的瀝青或水泥。

十公尺高的地方我都應有保護性的屏障，而不僅只有一個護欄、固體嵌板或者垂直的柱子。溜滑梯的扶手高度也要適當，以防孩子摔到溜滑梯外。

另外你還有必要檢查一下孩子的衣著。一些意外事故的發生往往是由於寬鬆的衣服以及配件式的衣物（帽子，斗篷，圍巾）捲在機器上引起的，這一點千萬不要大意！

孩子衣服要合身舒適，方便活動。褲子不要太長，最好穿褲管收緊的褲子。女孩最好不要穿長裙，裙擺不宜過大，布料要不容易起靜電；一雙柔軟、輕便、防滑、合腳的鞋子尤為重要。

水災來了怎麼辦 —— 面對水災的預防與自救

　　水災在我們來看並不多見，所以類似災難的預防與處理措施，我們的了解十分有限。但是其危害程度以及帶來的嚴重後果是不可計算的，少則危及人身財產安全，嚴重的亦會造成生命危險，現在家長外出上班、進行各種活動的時間日益增多，應酬不斷，時常把孩子一個人留在家裡，而嚴重自然災害的概念，在很多孩子的腦子裡甚至沒有輪廓。身邊有一位同事的孩子，暴雨時大水沖進家中，竟然還笑嘻嘻的覺得好玩，那可是十三歲大的孩子了啊！因此從現在起讓孩子懂得重大災害的嚴重性，了解預防與求生方法。

【場景小故事】

　　一個晴朗的週末，阿偉像平時一樣，在家中吃過午飯後離家去上班，把十四歲的兒子小華獨自留在家裡。下午兩點剛過，烏雲密布，天色大變，一場暴雨已經迫在眉睫。阿偉家地勢低窪，又是透天獨門獨院，沒多久暴雨傾盆而下，僅僅半小時時間雨水就從門口滲進了屋內，此時小華還一個人在自己房間裡看電視。當阿偉意識到事情的嚴重性，急忙往家中打電話，無人接聽。阿偉急急忙忙趕回家中，發現根本就進不到院子裡，積水淹到腰部，大門都難以打開。當阿偉進入屋裡的時候並沒有發現小華，最後在院子裡發現小華已經遇難。經查明

死因應該是溺斃。但是為什麼小華的屍體會出現在院子裡呢？最後調查事件經過是小華可能因為躲避屋內水災跑出家裡，由於院子中水流較急，不小心摔倒在水中嗆水而遇難。

其實早在暴雨來臨之前，曾發布超大豪雨警報，但人們並不重視。小華的爸爸就是如此，雖然知道可能要下大雨，但是並沒有危機意識，甚至都沒有提醒一下兒子，最後釀成了慘劇。正是由於防災意識的薄弱，才導致這次災難的加劇。與災難相比，更可怕的是人們對災難的無知、無能，無備，防災意識薄弱才是最大的「災難」。同時更說明了，發生災害，首先要冷靜對待，往往錯誤衝動的選擇會釀成終身遺憾，分析水中人員易出事故的原因，一方面是水流量大，猝不及防。另一方面也是因為有的人不了解水情而涉險入水。所以，洪水中必須注意的是，不了解水情一定要在安全地帶等待救援，小華的悲劇就證實了這一點。

場景二

十五歲小瑜家住在老舊公寓的一樓，排水系統比較舊，暴雨來臨時自己家中首先進水。小瑜不會游泳，但是他沒有一絲的慌亂，首先衝到對門把摔傷的張阿姨帶上高樓層，之後衝回家中，由於水勢較高，他拿起家中洗澡時候用的木桶，借助浮力把奶奶成功轉移到安全處後自己也得以逃生。

事後才知道，小瑜的爸爸是一位軍人，少有機會能回家，

但常會告訴孩子一些面對疾病災害的知識。小於在這次水災中處理果斷，臨危不亂，都是得益於平日裡從父親哪裡累積的防災知識，以及遇事不慌亂的從容，不僅救了他一命，更幫助了鄰居和家人及時脫險，挽救了寶貴生命。

【安全知識課堂】

1　水災要從預防開始

我們要清楚的知道，嚴重的水災通常發生在低窪地帶。如果平時住在容易有水災的地方，當有連續豪雨或大豪雨時，須格外小心，應注意收看氣象臺，且需要時刻觀察房屋周圍有無異常。特別是晚上，更應該注意，如果有連續豪大雨，一定要做好安全轉移的準備。說到轉移，應選擇最佳路線和目的地撤離。事先規劃可以逃生的出口，以及水災來臨時最容易積水的地方，避免水災時盲目亂跑，反而更加慌亂，這一點在災難來臨之前準備尤為必要。

轉移場所通常應選擇在距家最近、地勢較高、交通較為方便處，與外界可保持良好的通訊、交通聯繫。在城市中大多是高層建築的平坦頂樓，地勢較高的學校、醫院，以及地勢高、條件較好的公園、大廈等等。如自家樓層較高，房屋較堅固，應該作為逃生地點的首選。看到有暴雨預報時，備足食品、飲用水，搜集家中適合漂浮的材料，加工成救生裝置以備萬一。

保存好能使用的通訊設備。收集手電筒、打火機、手機等作為訊號用的物品，做好被救援的準備。

2　水災來臨時不要慌亂，保持鎮定的情緒

從現在起讓孩子養成遇事不慌不亂的韌性尤其重要，緊急時刻經常會因為心裡慌亂而做出錯誤的決定，影響判斷能力。甚至嚴重的心理問題會導致身體機能不受控制，引發行動力下降，執行力減弱的危險後果，若錯失救援時機，很容易釀成悲劇。

水災到來雖然很危險，但是只要不是洪水爆發等突如其來的狀況，其實還有足夠的時間給你應變，不需要太過緊張恐慌，應該想清楚，穩定情緒，避免產生不必要的驚恐和混亂。之後才能做出合理的判斷。

3　掌握水災緊急自救常識

水災來臨的時候，一切財物都不重要，告訴孩子，懂得有效的自救才是關鍵。很多情況下水災導致人死亡的原因是溺水。因此，在撤離過程中出現需要涉水的情況，除了找好漂浮物以用來自救之外，如果不慎落水，不要慌張，要屏住呼吸，放鬆身體，人體就自然的浮出水面了，最好能夠做水母漂。如果遇到腳抽筋，不要緊張，彎曲身體，雙手抱腳，做出水母漂，等待救援也等待症狀減輕。遇到被水底異物，如被沖走的傢俱，裝飾品等絆倒或是纏住腳裸的情況下，不要驚慌隨意亂

動，慢慢的解開慢慢解開纏住的東西，以免過於驚慌，動作幅度過大，引發嗆水、肢體受傷等影響逃生的甚至危及生命的後果。

同時發現高壓線或者電器變壓設備等危險設施，一定要迅速遠避，防止觸電。如果水位上漲被迫要離開家中，事先也要多吃一些熱量高的食物，比如巧克力、糖、碳酸飲料等，備好乾淨的飲用水。不到不得已的情況下不要選擇游泳逃生，淹水的情況下屋頂和頂樓是首要考慮的選擇。

總之，這種突發性的自然災害還是可以進行有效的準備和預防的，因此在水災到來之前，我們就應該讓孩子懂得如何去自救，如何去預防，如何去面對，這才是關鍵所在。家長更要會，自己懂得了如何保護孩子，才能在危機來臨給孩子撐好保護傘。

兒童戶外活動安全常識

一　下課時間安全常識

1　室外空氣新鮮，下課時間可以多在室外走走，但不要遠離教室，以免耽誤下面的課程。

2　活動的強度要適中，不要做劇烈運動，以確保繼續上課時不疲勞，精力集中，精神飽滿。

3　活動要注意安全，要避免發生扭傷，碰傷等意外傷害。

二　郊遊，露營活動安全常識

1　要準備充足的食品和飲用水。

2　準備好手電筒和足夠的電池，以便夜間照明使用。

3　準備一些常用的治療感冒，外傷，中暑的藥品。

4　要穿運動鞋，不要穿皮鞋，穿皮鞋長途行走腳容易起水泡。

5　早晨夜晚天氣較涼，要及時添加衣物，防止感冒。

6　活動中不隨便單獨行動，應結伴而行，防止發生意外。

7　晚上注意充分休息，以保證有充足的精力參加活動。

8　不要隨便採摘，食用蘑菇，野菜和野果，以免食物中毒。

9　要有成年人帶隊。

三　團體露營，郊遊活動安全常識

1　最好事先對活動路線，地點進行勘察。

2　做好活動的準備工作，制定活動紀律，確定負責人。

3　最好要求參加活動的人統一著裝（如穿校服），這樣目標明顯，便於互相尋找，防止掉隊。

4　所有參加活動的人要嚴格遵守活動紀律，聽從指揮。

四　登山活動安全常識

1　登山時有成人帶領，要集體行動。

2　登山的地點應該慎重選擇。要向附近居民了解清楚當地的地理環境和天氣變化的情況，選擇一條安全的登

山路線,並做好標記,防止迷路。

3　備好運動鞋,繩索,乾糧和水。在夏季,一定要帶足水,因為登山會出汗,如果不補充足夠的水分,容易脫水,中暑。

4　最好隨身攜帶急救藥品,如小護士、OK繃等,以便在意外受傷時派上用場。

5　登山時間最好在早晨或上午,午後應該下山返回駐地。不要擅自改變登山路線和時間。

6　背包不要手提,要背在雙肩,以便於雙手抓攀。還可以用結實的長棍作手杖,幫助攀登。

7　千萬不要在危險的崖邊照相,以防發生意外。

五　游泳安全常識

1　游泳需要經過身體評估。患有心臟病,高血壓,肺結核,中耳炎,皮膚病,嚴重沙眼等以及各種傳染病的人不宜游泳。處在月經期的人也不宜游泳。

2　要慎重選擇游泳場所,不要到溪、河、湖、海去游泳。

3　下水前要做暖身。可以跑跑步,做做操,活動身體,還應用少量冷水沖洗一下軀幹和四肢,這樣可以使身體盡快適應水溫,避免出現頭暈,心慌,抽筋現象。

4　飽食或者飢餓時,劇烈運動和繁重勞動以後不要游泳。

5　水下情況不明時,不要跳水。

6　發現有人溺水，不要貿然下水營救，應大聲呼喚成年人前來相助。

六　遊戲時安全常識

1　要注意選擇安全的場所。要遠離馬路，鐵路，建築工地，工廠的生產區；不要進入枯井，地窖，防空設施；要避開變壓器，高壓電線；不要攀爬水塔，電線桿，屋頂，高牆；不要靠近深湖（潭、河、坑、溪）、水井、沼氣池等。這些地方非常容易發生危險，稍有不慎，就會造成傷亡事故。

2　要選擇安全的遊戲來玩。不要做危險性強的遊戲，不要模仿電影，電視中的危險鏡頭，例如攀附在車輛上，攀爬高的建築物，用刀棍等武器互相打鬥，用磚石互相投擲，點燃樹枝廢紙等。這樣做的危險性很大，容易造成預料不到的惡果。

3　遊戲時要選擇合適的時間。遊戲的時間不能太久。這樣容易過度疲勞，發生事故的可能性就會大大增加。最好不要在夜晚遊戲，天黑視線不好，人的反應能力也降低了。容易發生危險。

七　放風箏安全常識

1　不要在馬路或鐵路兩側放風箏。馬路上來往車輛多，情況複雜，鐵路上也常有火車通過。許多孩子為了把風箏放起來，只顧向前奔跑，還有的孩子喜歡拉著風箏線倒退著走，這時如果有交通工具通過，就容易

出事故。

2　不能在設有高壓電線的地方放風箏，若風箏勾到高壓線，容易造成人員傷亡和電器設備的損壞。

八　參加志工、社會服務安全知識

1　參加社會服務，可能會面對許多自己從未接觸過的或不熟悉的事情，要保證安全，最重要的是遵守活動紀律，聽從老師或相關管理人員的指揮，統一行動，不各行其事。

2　參加社會服務，要認真聽取有關活動的注意事項，什麼是必須做的，什麼是可以做的，什麼是不允許做的，不懂的地方要詢問，了解清楚。

3　做服務難免要體力勞動，使用一些工具，機械電器設備過程中，要仔細了解它們的特點，性能，操作要領，嚴格按照相關人員的示範或 SOP，並在他們的指引下進行。

4　對活動現場一些電閘，開關，按鈕等，不隨意觸摸，撥弄，以免發生意外。

5　注意在指定的區域內活動，不隨意四處走動，遊覽，防止意外發生。

九　戶外活動防止中暑安全常識

1　喝水。大量出汗後，要及時補充水分。外出活動，尤其是遠足，爬山或去缺水的地方，一定要帶夠充足的水。條件允許的話，還可以帶些水果等解渴的食品。

2　降溫。外出活動前，應該做好防晒的準備，最好準備太陽傘，遮陽帽，著淺色透氣性好的服裝。外出活動時一旦有中暑的徵兆，要立即處理，尋找陰涼通風處，解開衣領，降低體溫。

3　備藥。可以隨身攜帶中暑可服用的藥品，緩解中暑引起的症狀。如果症狀嚴重，應該立即送醫院診治。

十　流血不止自救常識

1　四肢或手指出血，應該馬上用一塊乾淨的紗布或較寬的乾淨布條將傷口緊緊地包紮住，如有條件，最好可以塗抹外傷用藥於傷口上再包紮。

2　如果流鼻血，應以坐姿，頭稍微前傾，用手指捏住鼻翼兩側，持續壓緊五至七分鐘，可幫助止血，以去充血劑讓鼻內血管收縮，或鼻腔噴液將棉花沾溼，塞入鼻孔可幫助止血，白醋也行。鼻根部（即兩眼之間）的局部冰敷可促使血管收縮，減少流血。血液凝結後，將形成血塊結痂，此時不要挖鼻孔，以免剝落結痂，造成鼻血復發。如果血流不止，且是非外力導致的鼻血，請找醫師協助。

兒童野外生存指數測試

1 玩了很久，同伴頭暈、噁心，怕是中暑了，怎麼幫他呢？

    A 找一個陰涼通風處，將衣服用冷水浸溼，裹住身體，並保持潮溼，給中暑者喂水。

    B 圍住中暑者大聲呼叫中暑者的名字，叫醒為止。

    C 給中暑者做人工呼吸。

2 好像不太對哦，難道迷路了，怎麼辦啊？

    A 四處走動尋找出口。

    B 原地不動等人來救助。

    C 大聲喊話或發出求救訊號。

3 被尖銳的東西割傷了，流了很多血，我們應該

    A 用土覆蓋傷口，因為土含有礦物質，能幫助傷口癒合。

    B 用清水沖洗傷口，然後進行消毒，用三角巾進行包紮。

    C 用嘴巴把血吸乾淨，以免髒東西進到傷口裡。

4 肚子餓極了，路邊的野果子能不能吃呢？實驗一下吧

    A 用手或身體接觸野果，發現不良反應立即用水沖洗。

    B 把植物的葉子放入口中咀嚼後吞下。

    C 憑感覺進行判斷。

5 沒有辦法了，只能在野外過夜了，睡在哪裡會比較安全呢？

    A 營地應選在沼澤和河川附近，這樣離水源比較近。

    B 選在岩石下，這樣可以避風。

    C 選在平坦寬闊地。

6 生堆火取暖，煮東西吃，可是怎麼行動呢？

    A 在光禿禿的山頂上，用石頭圍一個爐灶，風大，火苗旺盛。

    B 在有土坎、石坎的地方，對著風口，用石頭堆一個爐灶。

    C 在離水近的地方，用土堆一個爐灶，滅火容易。

7	又累又渴，可是水塘的水有些髒！怎樣喝才好呢？
	A　因為太渴直接飲用。
	B　用沙土過濾飲用。
	C　用沙土過濾，燒開，再飲用。
8	天氣涼了，沒有帶夠衣服，怎麼辦呢？
	A　找一個可以避風的山洞。
	B　找一些樹枝和野草搭一個小帳篷。
	C　脫下衣服中間用枯草作為夾層以達到保暖的效果。
9	同伴從山坡上摔下來了，腿好像骨折了，怎麼辦？
	A　慢慢地把褲子脫掉，看看受傷的情況。
	B　用手按摩受傷處以便幫助快速恢復。
	C　用托板和三角巾將骨折部位固定好，然後送往醫院。
10	被毒蛇咬到啦！我要死定啦！救命啊！
	A　用毛巾等物品捆綁住傷口的下方。
	B　背起受傷者立即前往醫院。
	C　用消過毒的刀把傷口劃開。
11	痛！腫了！被毒蜂螫到了，怎麼處理？
	A　用鑷子將毒針拔出再塗抹氨水。
	B　用鑷子將毒針拔出再塗抹鮮奶。
	C　用鑷子將毒針拔出再塗抹優酪乳。
12	有人落水了！快來救人啦！我們該怎麼辦呢？
	A　救上來立即人工呼吸。
	B　大聲呼叫溺水者的名字叫醒溺水者。
	C　抬著溺水者跑！在奔跑中把溺水者叫醒。

單選，每題 1 分

5 分以下野外生存指數：☆☆

也許是你在課桌椅和電腦前坐得太久了，已經忘了出去玩這件事情了。可是這樣的情況怎能叫人放心呢，如果真的在野外發生了什麼意外，你很可能就是添亂的那一個哦！所以，快先放下課本或者遊戲休息一下吧，在出去郊遊之前，趕快給自己的野外 IQ 充充電。也許給大家一個意外的驚喜也說不定呢！

10 分以下野外生存指數：☆☆☆☆

你的野外生存能雖然還不算特別出色，但是至少不會在出現意外的時候慌了手腳。其實，大自然對你來說並不陌生，就是對於具體的自救辦法還有些模糊。在野外，你經常能夠出些點子來幫助大家解決難題，而且是個很好的合作者。如果平時能夠再多留心一些野外生存的技巧，到了關鍵的時候就更能大顯身手嘍！

10 分以上野外生存指數：☆☆☆☆☆

你是個不折不扣的野外強人，還是我們的題目出得過於簡單呢？不管怎麼說，你對如何在野外保護自己和同伴還是相當了解的。依你的野外 IQ，在發生危險的時候，經常能對當時的情形做出準確的判斷，想出聰明的應對辦法，因此往往能夠脫穎而出，充當領袖或者軍師的角色。也少不了得到不少人欽佩

的目光呢！不過，野外生存的技巧可不能只停留在紙上談兵，務必經常同朋友切磋、實踐嘍！

第 3 章

緊急情況我不怕 —— 緊急安全篇

眼睛裡進了異物 —— 保護好孩子的眼睛

　　眼睛是人類直接認識花花世界的感覺器官，是孩子獲得資訊的最重要的方式之一。眼睛的重要性則不言而喻，同時它又嬌嫩、敏感，哪怕進入細微如絲的異物，也會感覺萬般痛苦。

　　俗話說「眼睛裡容不下一粒沙子」，這是因為人的眼角膜上有豐富的神經纖維，一點點刺激就會引起劇烈的疼痛。

　　例如，孩子到戶外遊玩時，灰、沙、小蟲等異物很容易飛進孩子眼中。異物入眼後，往往貼附在眼球表面或藏於眼瞼內，引起不同程度的疼痛及反射性流淚，嚴重的會造成眼球損傷，使眼睛功能受損，輕者視力下降，重者可完全喪失視力。因此。家長要注意孩子的眼睛安全，以便提早發現危機，或將已發生的傷害降到最低。

【場景小故事】

場景一

　　一位家住在郊區的一年級小學生在放學時，剛一出門就被迎面刮來的一陣風吹得睜不開眼睛。眼睛被風吹的有些不太舒服，他習慣性用手去揉，希望這樣能把小沙子給揉出來，但是沒想到眼睛越來越痛，實在是痛的沒辦法了，只好摀著眼睛去找老師。老師急忙將他送到了醫院，醫生經過診斷後，得出的結論為輕度眼睛角膜炎。

眼睛的意外傷害，對於小朋友來說應該是最大的傷害了，身邊也總會發生一些讓人惋惜的案例。

場景二

記得有一名六歲的小女孩在家用縫衣針裝訂作業本時，因為一時疏忽，便將自己的右眼刺傷，所幸，家人發現的及時，將小女孩送往醫院住院治療，才阻止一場悲劇的發生。

場景三

幾名孩子在保健室偷偷拿了幾支廢棄的空針筒回家玩，灌水後當水槍互相噴射玩耍，沒想到針頭飛出，刺傷了其中一個孩子的眼睛。

【安全知識課堂】

眼睛是人體最寶貴的器官之一，更是靈魂之窗，人們用眼睛去觀察、認識、了解外界的事物；眼睛也是人們長知識、學技能不可缺少的。視力不好，就會影響讀書和工作，還不能從事特定行業，影響孩子的前途，所以孩子的眼睛不但要從小就開始保護，家長更要教會孩子一些關於處理眼睛突發事故的注意事項。

眼睛的保護對於兒童來說格外重要，因為它的一點點小意外都可能影響到孩子的視力和將來。目前兒童眼外傷占全部眼外傷的百分之十二點四到百分之四十點四，且鄉下高於城市，

男孩高於女孩。由於年幼缺乏生活經驗，對可能觸發的傷害認知不足，自我保護及躲避傷害的能力差，因此兒童比成年人更容易發生眼外傷。

　　小孩出去玩，可能就會有異物進到眼睛裡的情況。孩子眼睛裡進異物怎麼辦呢？如何消除進到眼睛裡面的東西而不弄傷孩子的眼睛呢？這就要我們的家長在處理這種狀況的時要注意兩點：

　　一就是告訴孩子不能揉眼睛，二就是不要隨意使用眼藥水。至於具體要怎麼解決，家長可以參照下面的幾個小方法。

1　告訴孩子，沙子、灰塵等異物進入眼睛後，千萬不要用手揉擦眼睛，揉擦時手上的細菌汙染眼睛會發炎。更重要的是眼球表面的角膜就像一層晶瑩剔透的玻璃，異物進入眼內，通常是先附在角膜上。當感到疼痛和睜不開眼睛時，用手去揉擦會使原本光滑的角膜被帶稜角的異物磨出一道道痕跡，不但看東西模糊不清，而且感覺更不舒適。可以用自來水或生理鹽水為孩子沖洗眼睛；用滅菌棉花棒將灰沾出。如果以上方法都不可行的話，就趕快到眼科尋求醫師協助。

2　先冷靜地閉上眼睛休息片刻，眼球受到了刺激，淚水就會自動分泌。等到眼淚大量分泌，不斷流出時再慢慢睜開眼睛，並不斷地眨眼，在這種情況下，大量的淚水會將眼內異物自動沖洗出來。

3　如果淚水沒有將異物沖出，眼內仍感不適，父母要準備一

盆清水，讓孩子輕輕閉上雙眼，將臉部浸入臉盆中，雙眼在水中多眨幾下，這樣會把眼內異物沖出。

4　如果是年齡稍大一點的孩子，可以用一隻手把眼睛撐開，用注射器吸滿生理鹽水或洗眼液沖洗眼睛，把異物沖出。

5　如果各種沖洗法都不能把異物沖出，可以閉上眼睛，用手拉扯眼皮。上下輕輕地振動，使沙子順暢地被淚水沖洗出來。異物取出後，可適當滴入一些眼藥水或眼藥膏，以防感染。

6　如果是石灰、強鹼、強酸或是洗潔精等有刺激性的物質進入眼內時，應立即用大量的清水沖洗十五分鐘，迅速到醫院接受治療。

7　如果上述方法都無效，可能是異物陷入眼組織內，要立即到醫院去檢查。

不管這些急救方法到底發揮多大的作用，或者是能改變什麼。其實最重要的是家長要在日常的生活中幫助孩子，去預防這些來自四面八方的危險。更要將這些預防妙招親自傳授給孩子，讓孩子在快快樂樂玩耍的時候，自己也懂得保護自己。

1　為了防止眼外傷，平時不要讓孩子玩弄尖銳的物體，如錐子、剪刀、針等。帶子彈的玩具槍、彈弓和能夠彈出石塊的玩具也要禁止孩子玩、用，不要讓孩子用樹枝、棍棒追逐打鬥，像針筒這樣的物品就更不應該讓孩子玩了。

2　家長還要經常查看孩子平日玩耍的地方是否存在安全隱患，要把有可能傷害眼睛的器具，包括帶尖銳稜角的玩具

收藏好。

3　對強酸、強鹼化學品要妥善保管好，不要讓孩子有機會接
　　觸，以防傷及孩子的眼睛。

4　不要讓孩子觀看電焊火花或在陽光較強的雪地上玩耍。要
　　讓孩子遠離爆竹煙火。

5　對於年紀稍大些的孩子，家長還要教育其注意愛護眼睛，
　　在使用剪刀、錐子等尖銳用具時更要注意保護好自己
　　的眼睛。

相信有了這些小方法以及注意事項，孩子的眼睛肯定會安
全又雪亮！

鼻子被堵住了 —— 謹防孩子把東西塞進鼻子

孩子在日常生活中，自得其樂的一些小動作，總會令家長
們覺得有點「心驚膽戰」。再說了愛動是孩子的天性，一下在玩
玩具，一下去吃東西，一下把花花綠綠的畫冊給撕碎了，一下
又抓起來碎紙塞進嘴裡，家長雖然時刻擔心孩子的健康安全，
可還是會有意外情況出現，有的孩子會把豆子、爆米花之類的
東西當作玩具塞到鼻子裡，但是卻不懂得該如何把它們拿出
來。爸爸媽媽可嚇壞了，這時候爸爸媽媽該怎麼辦呢？

如果家長發現孩子出現一側鼻塞、流膿、鼻涕、鼻孔發
紅、有時鼻涕帶血並伴有臭味等情況時，千萬不要漠不關心，
一定要警覺並多注意。因為孩子有可能不知在什麼時候把紙

片、衣服鈕釦、小石子、豆子和瓜子之類的東西塞進鼻腔，造成鼻腔異物。鼻腔異物多見於四歲左右的孩子，尤其是男孩子。因為這個年紀的孩子正處在長知識期間，對於任何事物都會感到好奇，所以在他們的想法中，很想知道鼻子到底是幹嘛用的，鼻子裡到底有多深。想著想著就想自己做個實驗了解一下，於是就往鼻子裡塞東西，塞完後，好奇心大減，就會去忙別的事情，這件事情就忘了，不過有時是因為害怕責備而不敢對家長和長輩講，就一直讓小東西塞在自己的鼻子裡。

但是鼻腔異物如果不及時取出來，長期留在鼻腔裡，就會刺激鼻黏膜而引起一系列不良症狀。為了孩子的鼻腔健康，家長在平時一定要多多注意孩子的一舉一動，謹防孩子把東西塞進鼻子裡。

【場景小故事】

場景一

爸爸給琳琳買了一大堆大大小小的玩具。琳琳在玩具中發現有一個一點五公分長的白色塑膠小棒，這個小棒表面光滑，摸起來特別舒服。琳琳好奇心發作，就想用它來測一測鼻孔到底有多深，於是就把這個白色小棒塞到了右側的鼻腔裡。由於這個小棒塞進鼻子裡不痛不癢的，再說呼吸還能靠另外一個鼻腔，不一會琳琳就把這件事情忘記了。

第二天琳琳覺得鼻子特別不舒服，總感覺裡面有什麼堵著

一樣，這才突然想起自己昨天往鼻子裡塞了東西。她怕媽媽發現後責備自己，於是就趕快找來鑷子想把小玩具給夾出來。幾分鐘過去了，還是不見小玩具出來，反倒塞得更深了，心裡一慌，琳琳哭了起來。

問清原委的媽媽趕快把琳琳送到了醫院，幸虧及時，不然再過幾天鼻子肯定會發炎。

場景二

劉小姐抱著五歲的女兒來到醫院就診。孩子幾天前開始反覆出現鼻塞、流鼻涕的症狀。一開始媽媽帶著她去附近的小診所看病，被診斷為鼻炎，並進行了治療，但不見好轉。媽媽只好又帶著孩子來到大醫院檢查。

經醫生做鼻內鏡檢查，才發現女兒的右側鼻腔內有異物，而該異物竟然是一顆瓜子，由於鼻涕浸溼瓜子，已經在鼻腔內開始發酵、腐爛，因此就出現了鼻塞、發炎的症狀。

【安全知識課堂】

孩子鼻腔裡面塞進異物是常見的現象，那麼，家長應該怎麼應對呢？

根據醫生的資訊，孩子鼻腔塞進異物是急診非常常見的疾病，但家長經常處理不當，把本來危險不大的異物變得異常危險，把本來好處理的異物變得更難處理。

由於很多時候鼻腔異物沒有立即的症狀，有的粗心家長在

孩子的鼻子堵塞幾天後才發現，有些植物類的異物如黃豆都腐爛變臭了，有些異物也變成了結石與周圍組織黏連固定。這種情況就必須選擇手術來取異物了。因此，家長應多留意孩子的舉動，如果發現孩子異樣，應及時去醫院治療，切勿在家自行處理，以免造成嚴重後果。

這裡告訴家長們一些小方法，在孩子出現突發情況時，家長可以及時應對：

1 因小孩的鼻腔小，易鼻塞，先要明白鼻塞的原因，不要急於濫用滴鼻藥物。如因用藥後或受涼引起的過敏性鼻塞，多半會自行消失；如為感冒等疾病所致要積極治療原發病，按醫師處方用藥，讓孩子多休息、多喝水。

2 緩解鼻塞症狀，可用溫開水加一些鹽，給孩子滴入鼻腔（每側約二至三滴），或用棉棒沾溫鹽水潤溼鼻腔，約一到兩分鐘後再將這些潤溼後的分泌物吸出或清除；也可用溼毛巾放在鼻部熱敷，可使鼻子通暢。

3 如果出血可以參考先前所述，流鼻血的止血方法。

4 不要給孩子玩固體球狀小玩具，以防孩子把這些小東西塞入鼻腔。平時教育孩子不要隨便把東西放到鼻腔裡，並講明這樣做會引起鼻腔出血等危機，會很痛。

5 讓孩子吃飯的時候不要嘻笑打鬧，因為講話嘻笑也可能把嘴裡的飯噴到鼻腔裡。

當然了，如果孩子真的因為淘氣而出現這種情況，家長千萬不要責罵孩子，應該及時幫助孩子處理掉這種不舒服的感

覺，趁機教會孩子安全常識，這樣孩子才會在生活遊戲中健康成長！

割破手指不要怕 ── 保護孩子不要被利器割傷

孩子的好奇心都比較強，一刻也不停歇。在生活中他們會經常用自己的手去探索這個世界，去觸摸自己感興趣的事物。特別是年齡較小的孩子，他們不懂得保護自己，頭腦中更是沒有「什麼東西能抓什麼東西不能抓」的嚴格界定。所以即便是看見刀具等危險物品，也會毫無防備的握上去。因此經常會被刀子、玻璃等利器割傷手指，由於手指上的血管較豐富，被割破後會馬上流血。如果不予重視或處理不當，可能會使傷口惡化，輕者發炎、疼痛，重者引發嚴重疾病。

【場景小故事】

場景一

一天，劉小姐的女兒在陽臺上獨自餵她的小兔子。女兒已經餵過好幾次了，所以劉小姐便沒有怎麼注意孩子。突然，劉小姐聽到女兒大喊了一聲，趕快跑過去，只見女兒神情緊張地看著她說，我把手指割破了。劉小姐心想：手指割破了，孩子卻沒有哭，應該不是很嚴重。於是就稍稍鬆了口氣。但當孩子把緊握的拳頭張開時，劉小姐看到在孩子左手食指的根部，有

一個一公分長的傷口，非常深，皮肉外翻，鮮血汩汩湧出來！窗臺上散亂地放著被割成兩半的紅蘿蔔和一把帶血的水果刀，而女兒心愛的那只小兔正從籠子裡急切地望著她。

劉小姐趕快找來紗布，簡單地給女兒包了一下，就把孩子送到了醫院。醫生說傷口不大，但是已經割破了脂肪層，必須得縫針，要不然傷口容易感染。看著縫針時女兒那痛苦的樣子，劉小姐的心都快碎了，所謂「打在兒心，痛在娘心。」加之是由於自己的疏忽女兒才會不小心割破手指，劉小姐心裡難過極了！

場景二

樂樂的爸爸去值班了，只有他和媽媽在家。晚飯時，他坐在媽媽的腿上，看著媽媽給他沖麥片，當媽媽打開麥片桶挖麥片時，樂樂不知道想到了什麼鬼主意，一把抓住了桶口，啊！怎麼這麼痛啊？樂樂哇的一聲就哭了，可把媽媽嚇壞了，媽媽趕快給他檢查傷口，捏捏中指沒事，食指也沒事，這時候，小指出血了，於是媽媽趕快找來藥棉消毒，然後給他包紮，所幸，媽媽處理的及時又正確，沒有留下什麼疤痕。

【安全知識課堂】

手指被刀、玻璃、鐵器等物品割傷割破，是日常生活中時常發生的事，孩子年齡尚小，又不懂得照顧自己，對於安全問題更是沒有形成系統的觀念。所以，家長要教會孩子一些處理

意外割傷的方法，當然自己也要懂得如何處理孩子鬧出的這些
小意外。

1　如果傷口不大，出血不多，也比較乾淨，可以用酒精擦拭
　　傷口周圍。如果孩子太小，應立即告訴家長，讓家長幫助
　　處理。但注意不要將酒精弄進傷口內，擦完之後塗些紅藥
　　水，再用 OK 繃把傷口裹起來。

2　如果傷口流血不止，應該迅速止血，用沒有受傷的手使勁
　　捏住手指受傷部位，幾分鐘後傷口可自動停止出血。

3　如果傷口不乾淨，要立即清潔傷口。先用碘酒沿周圍皮膚
　　消毒一次，再用酒精消毒一次，然後再用涼開水或自來水
　　沖洗傷口，有油泥、汙垢的傷口應用藥棉輕輕擦拭傷口，
　　最後用紗布或 OK 繃包紮傷口。

4　如果傷口非常深且接觸泥土或髒物，應該讓家長馬上帶自
　　己去醫院注射破傷風。

5　傷後一週內盡量保持傷口清潔，最好不要碰水。為防止感
　　染，可在傷口處塗些碘酒消毒，也可依照醫生指示服用
　　消炎藥。

　　記住了這些方法，如果孩子搞個「突然襲擊」，出現了這種
意外情況，家長也不至於手忙腳亂，可以冷靜的幫孩子處理。
當然了，家長也不能永遠都在孩子身邊替他善後，所以家長們
一定要告訴孩子注意安全，懂得保護好自己。這樣不但家長放
心，孩子也會生活的開心。

被困在電梯裡了 —— 告訴孩子如何安全乘坐電梯

現在的樓層越蓋越高，每天上上下下都離不開電梯，電梯成了我們生活中的親密朋友。家住高層，要乘電梯；外出旅遊，住飯店，要乘電梯；外出購物，要乘電梯。隨著人們乘電梯的機會越來越多，因而也就有了被困在電梯裡的可能性。

一旦被困在電梯裡，千萬不要驚慌，不要害怕。一般的電梯上面都有很多安全纜繩，它的安全度是很高的，所以，電梯正常來說是不會掉下電梯井的。而且電梯都裝有防墜安全裝置，即使停電了，電燈熄滅了，安全裝置也不會失靈。電梯會牢牢夾住電梯井兩旁的鋼軌，使電梯不至於掉下去。即使電梯上的安全繩斷了（當然這種情況極少發生），在電梯井的底部都有緩衝器，它可以減少掉下來時的衝擊速度。對於理解狀況的成人來說，被困在電梯裡根本不用害怕。如果孩子被困到電梯裡，由於他們的心理承受能力弱，處理事情的經驗又不夠豐富，往往會因為受到驚嚇而不知所措。所以家長帶孩子外出或者是孩子單獨外出的時候，一定要告知其乘坐電梯的注意事項，避免孩子遇到突發狀況不知道該怎麼處理。

【場景小故事】

場景一

一天上午九點四十分，一部社區中的電梯裡傳出呼救聲。

三位小朋友在乘電梯時，突然遭遇電梯停滯，被困在裡面。有兩個孩子當時就被嚇哭了，瘋狂的在裡面喊媽媽。另外一個小朋友也非常害怕，但他想起了媽媽平時告訴他電梯裡面是有求救按鈕的，被困在裡面後可以按下這個按鈕求救，於是他按下了緊急呼叫按鈕。

社區管理人員接到電梯緊急電話後，立即趕到現場，但發現無法自行排除故障，於是馬上撥打了一一〇指揮中心和電梯公司的緊急維修電話。在技術人員趕來之前，社區保安沿著樓梯一層一層找上去，結果發現孩子們困在六樓與七樓之間，而且裡面不時傳來他們的哭聲。

「不要害怕，救援人員馬上來了。你們不要恐慌，電梯不會掉下去的。」一位保安把臉貼在七樓電梯門上，對著電梯縫說著。孩子們聽到成人的聲音都停止了哭聲，耐心地等待救援。

沒多久，技術人員趕到了現場，同一時間，救護車也抵達現場。在經過檢查後，技術人員判斷是因為突然停電，使得正在運行的電梯停滯半空。三個技術人員將電梯拉升到七樓後，打開電梯門，救出了三個孩子。

由於整個救援過程不到十二分鐘，所以三個孩子的身體都沒出現問題。

場景二

一個叫小傑的小男孩獨自一人乘電梯，電梯剛運行了幾秒

鐘就停住了，小傑被關在了電梯裡。

　　他非常害怕，在電梯裡不停地按動各種按鈕，並且多次嘗試著要打開電梯門。一次、兩次……在他第七次扒門的時候，門終於開了。原來電梯停在了二樓到三樓中間。小傑求生心切，他想從電梯和牆壁的縫隙之間逃生。結果，他人小力氣小，手沒抓住，一下子掉了下去，全身多處骨折，在醫院裡治療休養了好久才康復。

【安全知識課堂】

　　電梯已經充斥著我們的生活，但是被困在電梯中的意外總是時有耳聞。成人擁有足夠的心智去面對突如其來的意外，也會沉著冷靜的去處理。可如果孩子一旦被困在電梯中，那將會在其成長的歷程中留下不可磨滅的痕跡。尤其在不了解事故原因之前，一切莽撞的逃離行為都會危及生命。

　　如此一來，家長對於如何安全乘坐電梯這一方面，應該要提早告誡孩子，讓他們知道遇上這種情況，該如何去處理。

1　按下電梯內部的緊急呼叫按鈕，等待救援。這個按鈕通常會跟管理值班室或是技術人員、消防隊連接，他們很快就會趕來救援，只要耐心等待就可以了。

2　如果報警無效，長時間沒有人來救援。可以大聲呼叫，或者拍打電梯門。可以用鞋子拍門，這樣會更響一點，向外界發出求救訊號。

3　如果暫時沒有人經過，家長要告訴孩子此時要保持體力，不要一直拍門。最好是聽到外面有了響動再拍，這樣才容易引起外面人的注意。也不要不停地呼救，要保持體力，耐心等待救援。

4　被困在電梯裡的時候，不要用蠻力扒門，強行扒門或者自己從天窗爬出都是非常危險的。強行扒門，電梯可能會異常啟動，很容易造成人身傷害。

5　電梯下墜的可能性是非常小的，但萬一發生了，家長也要指導孩子記住以下幾個動作：(1) 不管共有幾層樓，要迅速把所有樓層的按鍵全部按下。當緊急電源啟動時，電梯可以馬上停止下墜。(2) 整個背部跟頭部緊貼電梯內牆，呈直線型。要運用電梯牆壁作為脊椎的防護。踮起腳尖，膝蓋呈彎曲姿勢。因為韌帶是人體唯一富含彈性的組織，要借用膝蓋彎曲來承受重擊壓力，這樣就會減小骨骼的壓力從而減少傷害。

雖然現在大多數的電梯的安全度都很高。但是家長萬萬不可掉以輕心，一定要告訴孩子該如何去面對這種突發事故，培養孩子處理事情臨危不亂的定力與韌性，這樣還在以後的學習工作中也會受益匪淺！

誤食殺蟲劑怎麼辦 —— 小心殺蟲劑中毒

如果孩子誤食殺蟲劑了，建議家長在最短的時間內去醫院

治療，千萬不可大意，以免發生危險或留下後遺症。

在很多時候，由於孩子的好奇和家長的不小心，導致一些誤食殺蟲劑的事件。由於誤食殺蟲劑而導致的事故也有很多，所以對於孩子和家長應該注意此類問題。

【場景小故事】

場景一

夏天到了，蒼蠅、蚊子等小蟲到處亂飛。明明的爸爸看見廁所裡那麼多小蟲子，一時氣憤，隨手拿起殺蟲劑噴霧開始亂噴一通。

但是明明卻不知道爸爸已經在廁所噴了殺蟲劑，晚上睡覺的時候直接就拿起漱口杯裡的牙刷開始刷牙。殊不知那殺蟲劑直接落在杯子裡的牙刷上了。

半夜的時候，明明大喊著肚子疼，還渾身冒汗，一個勁地往外吐酸水。爸爸媽媽著急的不得了，趕快把明明帶到了醫院，所幸治療及時，沒有對明明的身體造成大礙。

場景二

亮亮獨自一人在家，發現殺蟲劑在觸手可及的角落裡，孩子好奇，拿起來玩耍，不小心將噴霧噴到臉上，恰巧噴進了眼睛和嘴巴裡，幸好家長下班歸來，看到因為眼睛疼痛而哭喊的孩子，及時進行了沖洗，並送往醫院，孩子得以倖免。

【安全知識課堂】

1　對於小孩子，要告訴他們殺蟲劑等化學藥劑的危險性和嚴重性，告訴他們遠離危險的殺蟲劑。平時家裡存放有殺蟲劑要將其放置高處，以避免孩子對殺蟲劑的接觸。教育孩子應該將果類洗乾淨再進行食用，特別是夏天。

2　在誤食殺蟲劑嚴重情況的情況下，要到醫院洗胃。

3　掌握具體的急救措施流程。首先，盡快讓中毒者離開現場，根據中毒者情況採取相應的措施，對中毒嚴重者採取急救措施後帶上殺蟲劑包裝物或標籤盡快就近送醫院治療。其次，如果中毒者呼吸停止，應及時進行人工呼吸，直到中毒者能自主呼吸為止。對嚴重殺蟲劑中毒者只能給氧，請勿人工呼吸以免對他人造成傷害。

如果殺蟲劑沾染皮膚上，應脫去被殺蟲劑汙染的衣服，用清水及肥皂（不要用熱水）充分洗滌被汙染的部位。洗滌後用潔淨的毛巾擦乾，穿上乾淨衣服並注意保暖，及時洗澡，不要讓殺蟲劑滯留皮膚太久，並盡量不要用沾染殺蟲劑的部位接觸口鼻。

如果眼睛被濺入殺蟲劑，應立即用大量清水沖洗。沖洗時把眼瞼撐開，通常要沖洗十五分鐘以上。清洗後，用乾淨的布或毛巾遮住眼睛休息。盡量阻止孩子用手揉眼睛，並教育孩子在遇到此類問題的時候就近找到大人幫助。

如果吸入農藥，身體感到不適時，應立即到空氣新鮮、通

風良好的安全場所，脫去被農藥汙染的衣物等，解開上衣鈕釦和鬆開腰帶，使呼吸暢通。用乾淨水漱口和肥皂水洗手、洗臉，注意身體保暖。如果吞服殺蟲劑引起中毒的，吞服量較大時，通常應立即催吐或洗胃，而不要先用藥物治療。

孩子拉肚子怎麼辦 —— 腹瀉的預防與治癒

　　孩子拉肚子的現象大家也都多少遇到過，此類病症，在幼兒時期比較多見，稱之為小兒腹瀉，但是很多家長沒注意到孩子食用不潔食物，或是孩子不正確的生活習慣，進而引發的腸道疾病同樣會讓孩子出現腹瀉的情況，這個時候我們不能掉以輕心，嚴重的腹瀉如果不及時救治甚至可能對孩子的成長發展造成不良影響，突發的嚴重腹瀉可能會有生命危險，不是簡單的「去趟廁所」、「吃點止瀉藥」那麼簡單的事情，因此作為家長首先要認真看待這件事，拉肚子在大部分人眼裡雖算不上什麼大病，但它對身體的傷害卻不可小覷。

　　腹瀉不是一種獨立的疾病，而是很多疾病的共同表現，飲食不均勻，不乾淨或自身免疫力減弱，受涼，消化不良、食物中毒，過度疲勞等都會導致腹瀉的發生，它同時可能伴有嘔吐、發燒四肢無力，腹痛腹脹等現象，重則造成脫水，昏厥等症狀，需要馬上去醫院接受治療。

【場景小故事】

場景一

阿華就是個從小常常拉肚子的人，動不動就會肚子痛，或是便祕，不只對生活品質有影響，時不時的拉肚子還打亂了本來輕鬆愉快的生活節奏。因為拉肚子，他甚至在升學考試中，半路跑去廁所，耽誤了考試。這種長期的腹瀉還大大影響他的精神狀態以及學習的意願，情緒也經常不穩定。後來經過到醫院檢查，發現其飲食習慣相當不規律並且搭配不合理，飲食的葷素不均勻，他從小愛吃肉，很少吃蔬菜，從來不吃粗糧等，幾乎天天喝冷飲，買小吃店的零食，多年下來對腸胃的刺激造成了其經常腹瀉的體質。

場景二

小麗是一個活潑開朗的女孩，年僅九歲就有著過人的「膽量」，經常在自己學校附近的燒烤攤上吃東西，尤其喜歡吃燒烤攤絕無僅有的限定美食「烤蚱蜢」。一個平靜的下午，小麗的媽媽接到學校老師打來的電話，一條突如其來的消息讓她差點拿不住手中的手機，小麗出現嘔吐、腹瀉、腹痛等症狀，因為食物中毒住進了醫院。而媽媽從來就不知道她會吃這些東西，也從來沒有仔細問詢過。小麗吃的蚱蜢是被汙染的食物，引發急性中毒。經檢查蚱蜢已近變質，商家為了掩蓋，竟然用不明成分的「消毒液」清洗，卻造成了二次汙染的情況。雖然經過搶

救，小麗脫離了危險，當從這點看出，孩子食物的安全性有多麼重要。

【安全知識課堂】

第一，預防是關鍵：

(1)　長期飲食不規律引發的腹痛腹瀉：

我們應該告知孩子飲食規律、飲食平衡的重要性，提早預防，養成良好習慣。注意個人的飲食和衛生乃至於生活習慣。

① 要注意飲食的葷素搭配，米飯混合粗糧，有助於腸胃運動促進消化。建議睡前喝一杯熱牛奶，有助於改善睡眠品質（過敏者慎用），也可服用蜂蜜水進行調節。

② 平時注意給肚子「保暖」，尤其是在飯後更不要喝冷飲，食用過冷的食物

③ 少吃過酸過辣對腸胃刺激性大的食物，如麻辣鍋，煙燻燒烤等食物。

④ 每天要有一定的運動量，才能促進胃腸道消化，避免消化不良、腹瀉、便祕的惡性循環。

⑤ 不要經常使用治療腹瀉的藥物，那樣會形成很不好的習慣，長期使用容易破壞胃腸道。

⑥ 要培養良好的排便習慣，定時排便，有助於身體健康。

⑦ 保持良好心態也是重要的一點。

(2)　對於食物中毒引發的腹瀉：

預防腹瀉的最好方法，就是預防「病從口入」：

家庭預防：

① 孩子的食物要現吃現做，不要為了方便吃隔夜食物，食物要加工好、確實弄熟再吃。

② 要注意餐具的清潔，不能只是簡單清洗，很多情況都是孩子使用不潔餐具造成的食物中毒現象，這一點經常會被忽視。

③ 平日裡要購買新鮮、有效期限較長的食材，發現品質不好或腐敗食材要丟掉，不要勉強食用。

④ 熟食和生食應分開放置，生食蔬菜、水果等食物不要與生肉、水產接觸。

外出用餐預防：

① 選擇持有「食品經營許可證」的餐廳，不要光顧無證照的街邊攤販和小餐館。

② 選擇比較安全的食物，謹慎食用沙拉、涼拌菜之類涼菜類的高風險生冷食品，用餐時應注意食物是否新鮮，餐具是否乾淨，發現食用產品有異味或者顏色異常應立即停止食用。

③ 用餐前一定要洗手，盡量不要用手直接接觸食物。

④ 用餐後記得索要發票收據等，同時對自己吃下的食品成分有所了解，必要時可向醫院提供相關資料，保證精準治療。

第二，緊急應對有措施：

家庭腹瀉急求措施

① 如果發生腹瀉，首先要多喝水，腹瀉病人由於大量的排便，導致身體嚴重缺水和電解質失衡，必須補充大量的水分。因此在許可條件下可以將運動飲料與水一比一兌開，補充電解質，或是到藥局購買電解液（情況較差者建議只補水就好），目的是在於防止身體因腹瀉而脫水虛脫。

② 不要馬上服用藥物，除非是病毒或細菌感染引起的腹瀉，或有嚴重的腹瀉併發症，普通的腹瀉並不需要服藥治療，它的症狀會持續一段時間，食物中毒或是病毒感染，腹瀉是一種排毒的方式，所以不要輕易使用藥物止住腹瀉，不嚴重的情況下這種方式能夠加速復原。

③ 避免以下食物：拉肚子時，要禁食包括豆類、高麗菜等含有大量不易吸收的碳水化合物的食物，否則會加重腹瀉。列如薯片，麵包，麵條，肥肉等等，避免喝碳酸飲料，碳酸飲料會對胃腸道有所刺激，加重病情。

④ 飲食要清淡，腹瀉期間應食用清淡的流質食物，比如雞湯，米湯等。因為在腹瀉期間腸胃功能不強，需要慢慢調理。當情況有所好轉，症狀改善時，在飲食中可食用優酪乳，生菜等容易消化的食物。

⑤ 補充礦物質。補充必需營養素，以服用維生素片、鈣片等營養品保持維生素的攝取量，由於飲食上需要控制，所以要靠補充維生素獲取每日人體所需。

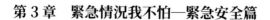

家中突然失火 —— 讓孩子學習消防常識

　　家裡失火大多是因為人們的疏忽大意造成的，事發突然猝不及防。孩子的年齡小，尤其是單獨面對這種情況時往往會驚慌失措。火災發生時，家中空間小，火勢蔓延的非常快，且傢俱設備、裝飾材料燃燒後又容易產生有毒氣體，火災一旦發生，後果非常嚴重。

　　祝融無情，當你被困在火場內生命受到威脅時，在等待消防員救助的時間裡，如果自己能夠利用地形和身邊的物體採取積極有效的自救措施，就可以讓自己命運由「被動」轉為「主動」，為生命贏得更多的「生機」。火場逃生不能寄希望於「急中生智」，只有靠平時對消防常識的學習、掌握和儲備，危難關頭才能應對自如，從容逃離險境。

【場景小故事】

場景一

　　派出所接到報警：附近社區中一家住戶的窗戶中冒出滾滾濃煙。待消防員衝到現場後，發現失火住戶家的防盜門被反鎖，有濃煙從門縫中滲出，消防隊員正想辦法撬開門。隱約中，聽到屋內傳來小女孩的哭聲，從聲音傳來的位置判斷，女孩應該就站在屋內的門口。是屋主的女兒小嫣，今年只有五歲。為了防止突然撬開的門傷到小嫣，消防隊員隔著門「指揮」

小嫣走到靠門邊的地方，隨即撥通了女孩母親的電話。

　　三分鐘後，防盜門被打開，濃煙撲面而來，消防隊員迅速衝進去抱起小嫣跑出屋外。事後發現，小嫣除了被濃煙嗆到外，沒有其他地方受傷。而瓦斯爐上的火還燃著，鍋裡燉的肉已成了黑炭。

　　場景二

　　居民家中冒出濃煙。一名小男孩站在陽臺上大聲呼救，身後是滾滾濃煙。看到這一幕，周圍鄰居焦急萬分。

　　就在大家一籌莫展時，消防員趕到了現場，在了解實際情況後，消防員一邊輕聲安慰小男孩，一邊破拆房門。經過五分鐘，房門被成功打開，消防員立刻衝進濃煙中，將男孩抱了出來。此時，屋內煙霧彌漫，可見度非常低。幸運的是，小男孩除了受到驚嚇，並沒有在火災中受傷。經過撲救，火勢被控制。此時，孩子的父母也急匆匆地趕回家中。看到抱在消防員懷中的兒子安然無恙，夫妻兩人非常激動。經勘查，失火原因是男孩玩耍時點燃一個紙盒所致。

　　【安全知識課堂】

　　現在許多孩子都愛讓父母給自己講故事。而父母給孩子講的故事大多是〈白雪公主〉、〈灰姑娘〉之類的童話故事，其實父母也可以給孩子講講現實感強的防火小故事。此類故事雖沒有童話故事那麼生動有趣。但卻能在潛移默化中培養孩子的防火

知識。同時也能教會孩子家中失火後的應急方案，減少悲劇的發生。家長可以從以下幾個方面來讓孩子鎮定地面對火災：

1　家中突然失火，一定要告訴孩子沉著冷靜，千萬不要驚慌。如果火勢尚小，可採取自救。應根據著火物品的不同，採取不同的撲救方法。

　　(1) 一般物品（如紙張、被子、膠帶等）著火，可用水澆，也可用浸溼的棉被、掃帚、拖把、衣服等撲滅。

　　(2) 如果是瓦斯、油類、化學品著火時，應及時使用滅火器滅火。

　　(3) 電器著火時，要先切斷電源，然後再滅火。記住不能用水撲救，可以用浸溼的棉被等物品將火捂滅。

　　(4) 如果是鍋內煮的東西著火了，要馬上關掉瓦斯，然後用鍋蓋將鍋子蓋上。在此過程中不要打開鍋蓋去看，以免被燒傷。

2　如果孩子覺得火勢自己無法控制，那就應該迅速逃離火場。在逃離火場時，應將火源房間的房門緊閉，這樣能夠減緩火勢蔓延，多爭取一點時間。

3　跑出後，要想辦法迅速撥打一一九。在消防員還沒有到來，火勢撲滅之前，不要再回火場。

4　家長要教會孩子逃離火場的方法，不要讓孩子亂撞亂跑，這樣極易發生危險。

　　(1) 如果發現火勢增大，自己無法控制就要迅速從門口逃生。如果門已經著火，要用溼的衣物裹住門把迅

速拉開門跑出去，切不可用手直接拉門，以防被燒傷。如果家在一樓或二樓，真的不行也可以打開窗戶跳出去，但應注意選擇鬆軟的土地作為落腳點，跳的時候一定讓屁股先落地，也可以對準樹叢等跳下。住在高樓時，因濃煙會往上升，應該尋找安全的路向下跑，千萬不可往高樓跑，並隨手把經過的門全關上，減緩火勢蔓延。需要破窗逃走時，可用椅子等物品砸破玻璃，用毯子或衣物裹住身體，從洞口爬出去，以防玻璃把自己割傷。

(2) 如果從家中逃走已不可能，也切勿驚慌，應設法求援，同時採取自救措施。比如，向木頭門窗上潑水以遏止火勢蔓延，用溼衣被捂住自己的嘴，以防煙霧引起的窒息等。爬到無火的窗前呼救，等待救援人員的到來。

總之，如果家中失火，父母要告訴孩子，只有他一人在家時，首先要保證自己的生命安全，如果是小火苗自己能夠處理就處理，如果自己不能應付要馬上撤離，千萬不要逞強，傷到自己。

被人跟蹤 ── 增強孩子的安全防衛意識

孩子由於年齡尚小，加之心智還不夠成熟，所以他們對於社會複雜的人和事物都還不太明白，又容易同情心氾濫，善良

的過頭。

因為孩子的這些特點，現在社會中許多犯罪分子把目標鎖定在未成年的孩子身上，當孩子一個人放學回家或行走的時候就很有可能被跟蹤。因此，家長要提醒孩子，一個人走路時要保持警覺，發現身後有腳步聲一直緊跟不捨，或者看到有跟蹤的人影，覺得自己被人看著時，一定要有防衛意識，才能避免悲劇發生。

【場景小故事】

場景一

一天上午，上小學二年級的銘銘從奶奶家坐公車回家，坐到一半時發現斜對面有個人一直盯著自己。下車時他感覺被人從後面推了一把，他不敢回頭，急忙躲進了附近的一個小超市裡，回頭一看發現那個人在門口鬼鬼祟祟了一下之後也跟了進來，不一會銘銘悄悄地從另一個門溜了。剛走到馬路的對面，就看到那個人也從超市裡出來了，銘銘又趕快躲進旁邊的一個銀行裡，那人在路上東張西望好一段時間後不見了。這下銘銘才放心的繼續回家！

場景二

一天，小梅和小海到商店買東西，回家的路上忽然下起了雨。好在他們帶了雨傘，只是因為下雨，街上行人漸漸的少

了。突然，小梅發現後面好像有人在跟蹤他們，跟了有十幾分鐘了。

「小海！你是不是覺得有人在跟蹤我們啊？」

「妳別疑神疑鬼的好不好啊？」

「你呀，就是神經太粗了。真的有人跟蹤我們哦，你偷偷回頭看看！」

「好像是，不過他功力太差，跟蹤還被發現了。可是，我們該怎麼辦呢？」

小梅十分害怕。

【安全知識課堂】

如果孩子無法確定身後的人是否在跟蹤自己時，家長可以讓孩子藉由以下的方法來確定：

1　突然轉身注意看行動可疑之人時，他馬上不自然地迴避，繼續向前走時，他仍然慢吞吞地跟在後面。

2　告訴孩子從馬路的左邊走到右邊，可疑之人也從左邊走到右邊；從馬路的右邊走到左邊，他也跟著走到左邊，就大致能確定了。

3　突然停下腳步時，他也停下腳步；轉彎時，他也跟著轉彎。做以上動作時，要盡量自然，以免引起壞人的警覺。如果符合以上幾條，那說明很有可能被跟蹤了。

當確定自己被跟蹤後，採取以下措施：

1　發現後面有人跟蹤後不要驚慌失措，要鎮靜。迅速觀察周

　　圍的環境，想清楚自己下一步該往哪裡走。

2　想辦法甩開壞人。馬上加快腳步甩掉那個陌生人，但必須向附近有行人、人群的地方跑。如果是夜晚，要向附近住戶、商店、超市、車站等公共場所跑，不要往狹小的巷子裡跑。

3　假裝打電話，大聲說自己已走到哪個地方了，讓家人在路上等。

4　可裝作大聲與家人打招呼，趁機快走，順便溜掉。

5　向附近的警衛或保安人員求救，或向居民住宅求救，告訴他們有人跟蹤自己並請他幫忙報警。

6　盡量記住那個人的長相、高矮、胖瘦、大致年齡等，方便警方調查。

7　在公共場所打電話給爸爸媽媽，告訴父母有人跟蹤，請他們來接，並在保安人員身邊等待父母。

8　如果是在小巷子裡被人跟蹤也不要停下來，如果正好遇到有人也在小巷子裡行走，要馬上與這個人靠近，和他一起走出小巷。

9　如果實在來不及跑開，或前路不通，要迅速觀察周圍的情況，尋找一切可以利用的物品作為武器；或有利自己的位置站定，與壞人正面相視，厲聲喝問對方，再爭取時間想其他辦法逃脫。最直接的方法是立即大聲呼喊，引來附近的人或是隨身攜帶哨子，引起附近的人注意。

10　如果不得已與歹徒正面攻擊，要用雨傘、木棍等猛刺對方的要害如鼠蹊部，把指甲刀、髮夾、安全別針或筆捏在

手心裡，每件東西的尖端都要從指縫間露出來，以便用來攻擊。

掌握了這些對付陌生人的技巧，孩子就會從善良的「小白兔」變成可以保護自己的「小老虎」。如此一來，那些壞蛋們就不能將他們的罪惡之手伸向孩子了。

一氧化碳中毒了 —— 預防孩子一氧化碳中毒

在現代社會中，瓦斯已成為人們日常生活中的主要燃料。但瓦斯是一種有毒且易燃易爆的氣體，因此在使用過程中一定要多加注意。父母要讓孩子多了解瓦斯，一旦發生意外孩子可以積極地應對，把危害降到最低。

每到冬季，尤其是天氣最冷時，總會發生一些一氧化碳中毒事件，在使用熱水器、瓦斯爐時，要提高警覺，採取有效的預防措施，以避免一氧化碳中毒。

【場景小故事】

場景一

一天晚上，小雲在家裡做作業，爸爸緊閉門窗在浴室裡用瓦斯熱水器洗澡。大約半小時過後，小雲感到頭昏腦漲，沒多久，她就趴在桌子上「睡著」了。媽媽下班回來，怎麼也叫不醒小雲，推開浴室的門一看大吃一驚：小雲的爸爸躺在浴室的地

上，不省人事。此時，小雲的媽媽發覺他們可能是一氧化碳中毒了，趕快關掉熱水器，打開門窗通風，然後叫救護車。由於搶救及時，小雲和爸爸才脫離了危險。

場景二

孟欣和她的八個同事是幼稚園的教師，九人合租住在幼稚園附近的一處民宅中，據孟欣介紹，天氣冷，她們開瓦斯作為燃料的小爐子取暖，為防一氧化碳中毒還專門裝了煙囪。但是，昨日清晨，孟欣的同伴曉麗下床時突然暈倒，弄翻了桌子，同伴們都驚醒了，趕快攙扶曉麗。但是，幾人不但沒有把曉麗扶起來，反而都感到渾身無力。這時，她們趕快叫醒隔壁的老師，這位老師發現，屋子裡瓦斯味很重握，抬頭一看，煙囪裂了個縫，這位老師立即打開窗戶，並把她們送到醫院治療，九位老師的情況都已好轉。

【安全知識課堂】

要想預防一氧化碳中毒，首先我們就要了解什麼是瓦斯。瓦斯是多種氣體的混合物，包括兩部分：第一部分是可燃性氣體，如氫氣、一氧化碳、甲烷和其他碳氫化合物，燃燒時產生大量的熱能；第二部分是不可燃燒氣體，如二氧化碳、氮氣和氧氣，它們不能燃燒，但氧氣可以幫助燃燒。瓦斯中的一氧化碳有劇毒，一被吸進肺裡，即與氧爭奪紅血球，使血液的攝氧功能發生障礙，造成身體急性缺氧。

日常生活中造成一氧化碳中毒的原因有兩種：一種是瓦斯洩漏，第二種是通風不良導致瓦斯或煤炭得不到完全燃燒。那麼，我們怎麼預防一氧化碳中毒呢？

1 防止瓦斯管和瓦斯爐漏氣。隨時檢查瓦斯開關是否關好，廚房是否有瓦斯洩漏特有的臭味。千萬不要用點火的辦法來檢查漏氣。一旦發生液化氣洩漏，應迅速關閉瓦斯罐閥，打開門窗通風。

2 防止瓦斯點燃後被澆滅，使用瓦斯時要有人看守。

3 正確使用瓦斯熱水器。熱水器要安裝在通風良好的環境中，嚴禁安裝在浴室內。一人洗澡，最好要有他人多加注意，防止熱水器火焰熄滅，造成漏氣。

4 保持室內空氣流通。雖然引起一氧化碳中毒的是一氧化碳，但是，二氧化碳含量過高，也會對人身體產生不良影響。

當我們發現有人出現了以下這幾種情況時，就要小心，他們很可能是一氧化碳中毒了！這些症狀是：疲倦乏力、頭痛眩暈、噁心嘔吐、視物模糊、虛脫甚至暈厥昏迷。

萬一一氧化碳中毒又該怎麼救治呢？

1 立即打開門窗，到通風良好、空氣新鮮的地方，注意保暖。

2 鬆解衣釦，保持呼吸道通暢。

3 立即給氧，醫院會有專業設備。

4 立即送往醫院救治。

5　隨時檢查瓦斯洩漏原因，以防二次中毒。

如果發生一氧化碳中毒時，家長要冷靜沉著，採取相應的急救措施。立即把孩子轉移到室外空氣流通的地方，吸入新鮮空氣，排出一氧化碳，但要注意保暖，最好將孩子用厚棉被包裹好。

如果中毒的症狀嚴重，有噁心、嘔吐不止、神志不清或昏迷現象時，應立即送醫院搶救，最好請救護站送到有高壓氧倉設備的醫院。如果拖延時間較長，昏迷的孩子可能會受到不可逆的大腦損傷。護送途中要盡可能清除他口中的嘔吐物或痰液，將頭偏向一側，以免嘔吐物阻塞呼吸道引起窒息和吸入性肺炎。如果孩子呼吸不勻或微弱時，可進行口對口人工呼吸進行搶救；如果呼吸和心跳都已停止，可在現場做人工呼吸和CPR，即使在送醫院途中，也要堅持搶救。

不小心落水 —— 警惕孩子溺水事故

不熟悉水性的孩子落水後極易發生溺水現象，溺水是指大量液體被吸入肺內，引起人體缺氧窒息的意外。不要讓孩子到水深的地方去玩，尤其是年齡較小的孩子，而且要教會孩子落水後的自救方法。如果孩子年齡較小，家長一定要提醒孩子，只要學會自救就可以了。假設碰到別人落水，千萬不要跳下水去救人，但要做到利用身邊可利用的東西救人，或大聲呼喊附

近的成人來幫忙。雖然見義勇為是很好的美德，但孩子跳下水成功救人的機率低，而且也會讓自己置身於危險之中。

【場景小故事】

場景一

十歲的明明是某小學三年級的學生，一天放學後，他覺得太熱了，就想到農舍旁邊的水池裡去玩一下再回家。在校門口，他遇見了好朋友寥寥。他們就一起到池子去玩水。到了池子邊，他們脫了衣服就直接下到水裡，由於池子的水比較深，不識水性的兩個孩子很快就開始往下沉。情急之下，明明冷靜地面對問題，他沒有在水中胡亂掙扎，而是屏住了呼吸，之後他就慢慢地浮到了水面，最終爬出了池子。

明明爬出池子之後趕快到村子裡去喊人。這時正好有一個年齡稍大一點的孩子從這裡路過，看見寥寥在水裡胡亂掙扎，就趕快伸手去拉。不幸的是，身單力薄的他不但沒救出落水的寥寥，腳下一滑，自己也落進了水裡。很快，兩個孩子落水的事傳遍了附近的鄰里。居民們聽說孩子落水的消息後，火速趕往池子。但不識水性的村民們不敢輕易下水，等到有些村民拿了繩索等工具後，才下水施救。他們很快就找到了寥寥，並把他送往醫院。此時，孩子在水下已半個多小時了，送到醫院時，心臟早已停止了跳動。但人們遲遲沒找到那個年齡稍大一點的孩子，直到消防員跟警察趕到，屍體才被打撈出來。

場景二

　　小學一年級學生兵兵，與兩名同學在離學校不遠的小河邊玩耍。忽然，他一不小心踩到長滿青苔的石頭上，「撲通」一聲滑入河中……

　　站在岸邊的兩名同伴連忙伸手去拉，但是卻拉不到。看著在河水中掙扎的兵兵，兩名同伴表現出了少有的冷靜，他們沒有急著下河去救同學，而是一人守在河邊，一人跑去叫大人。剛好有一名婦女路過此處，但她不會游泳，加上腿有殘疾，就幫著孩子大喊「救命」。

　　住在附近的居民李某，聽到有人呼救，趕快跑了過來，發現有落水的孩子，此時的兵兵只露一雙小手在水面撲打，李某快速跳進河中，把孩子撈了上來。兵兵雖然嗆了好幾口水，但沒什麼大礙。

　　沒有下河去救兵兵的兩名同學，受到了大人的稱讚，在這樣的危急關頭。能夠保持冷靜，知道找幫手救人，當然值得表揚。如果當時孩子也下河救人的話，幾年前的那場悲劇可能就要重演了。幾年前的夏天，有個男孩也是不小心落入水中，有三名小學生先後下水救人，結果四個孩子全部溺水身亡。

【安全知識課堂】

　　現在有許多的小孩很喜歡到水邊玩耍，經常是趁大人不注意的時候。這也是為什麼兒童溺水的事故越來越多，遇到兒童

溺水時該怎麼辦呢？

兒童被救上岸後，應立即清出呼吸道內積水，以保證氣道暢通。方法一，讓搶救者一腿跪地；另一腿屈起，將溺水兒童俯臥於屈起的大腿上，使其頭足下垂。然後顫動大腿或壓兒童背部，使呼吸道內積水排出。

排水的同時還必須用手清除溺水兒童的咽部、鼻腔裡的泥沙和污物，保持呼吸道暢通。注意排水的時間不宜長，以免延誤心肺復甦。

如果孩子不熟悉水性意外落水後應注意以下幾點：

1　要保持鎮靜、清醒，堅定獲救的信心。對於落入水中的孩子來說，求生的意志是非常重要的。千萬不要手腳亂蹬進行掙扎，這樣只會使體力過早耗盡、身體會更快地下沉。

2　立即屏住呼吸，甩掉鞋子和口袋裡的重物，但不要脫掉衣服，因為它會幫助身體上浮，使用水母漂姿勢或是仰式。肺臟就像一個大氣囊，屏氣後人的密度比水輕，所以人體在水中經過一段下落後會自動上浮。只要不胡亂掙扎，在水中就不會失去平衡。

3　只要能維持口鼻略浮出水面進行呼吸就可以了，然後以平靜的心態等待救援。不要試圖將整個頭部伸出水面，因為對於不會游泳的人來說將頭伸出水面是不可能的，如果這樣做將會使自己的心情更加緊張，從而使自救功虧一簣。

4　要想盡一切辦法發出聲響，或者發出別人容易看到的視覺訊號，以便讓救助者及時發現自己。

5　當有人去救助時，要盡量放鬆，絕不可驚慌失措去抓、抱救助者的手、腿、腰等部位，一定要聽從救助者的指揮，讓他帶著自己遊上岸。否則不僅自己不能獲救，反而會危及救助者的性命。

6　當看到別人落水後，無論水性有多好，也不要輕易跳下水去救別人。因為孩子畢竟身體矮小，體力也不是很大，如果下水去救人，很容易發生危險。家長一定要囑咐孩子，碰到朋友落水，千萬不要下水，要在保證自己安全的情況下救人，趕快去找幫手，一邊大聲呼喊附近的人來幫忙，一邊迅速利用附近的物體（木棍、竹竿、樹枝、繩子等）進行救助，或者把容易漂浮起來的物品盡自己最大的努力拋給落水者。

孩子被燙傷了 —— 兒童燙傷的緊急處理

據兒科醫院的專家介紹，意外傷害中的燙傷可因失火、爐火、火柴、電器、電熨斗、電暖爐、熱水、熱油、蒸汽、爆竹、強鹼、酸等造成，在孩子意外傷害中占有相當高的比例。千重要，萬重要，照顧好幼小的孩子最重要。家長一定要管理好易燃物，把有害的東西放在孩子不能摸到的地方。

【場景小故事】

場景一

文文是一個三歲的小女孩，她調皮可愛，聰明伶俐。一天，媽媽正在廚房裡做飯，放在桌子上，剛買來不久的監獄兔圖案熱水壺一下子吸引了文文的視線。這小傢伙靈機一動，踩著板凳，踮著腳尖去抓熱水壺。手剛碰到壺蓋，只聽「哇……」的一聲，剛剛燒開的一整瓶水一下子倒在了孩子的手臂上。媽媽聞聲跑了出來。看到女兒泣不成聲和那燙得像煮熟似的小手，媽媽心疼地眼淚也流了下來。

文文穿著襯衫下的小手臂一定也燙得不輕，媽媽馬上給文文脫下衣服，準備用涼水沖。誰知，袖子脫了下來，可憐的孩子手臂上的一層皮隨著袖子也一起被撕了下來；媽媽趕快把文文送到了醫院。

場景二

小明是個四歲的孩子，看到什麼都感到好奇。一次他的媽媽正在燙衣服，小明在一邊好奇地觀看。媽媽要到另外一個房間拿衣服，便把熨斗立在燙衣板上，自己走進了房間。看到熨斗還在「茲茲」地冒熱氣，小明開始伸出手去摸，正好摸到了溫度最高的熨斗底面，結果右手被嚴重燙傷。

【安全知識課堂】

　　兒童活潑好動，對周圍的一切充滿好奇，很容易被燙傷。如家裡的熱水瓶瓶蓋沒有鎖緊，放的地方孩子容易碰到；吃飯時，把熱湯、熱粥擺放在靠近桌邊的地方，孩子容易撞翻；如果桌上鋪有桌布，好動的孩子不小心一拉，桌上的熱食就會跟著倒在孩子身上……而孩子一旦被燙傷，父母是否能在第一時間採取正確的急救措施，將會成為關鍵。

(一) 熱液燙傷

　　小孩子對熱水壺使用不恰當，或是大人裝了熱水之後沒有蓋緊，小朋友碰倒打翻了就容易被燙傷。

　　緊急處理方法：

1. 以流動的水沖洗或浸泡在冷水中，以達到皮膚快速降溫的目的，不可把冰塊直接放在傷口上，以免使皮膚組織受傷。

2. 充分弄溼傷口後小心除去衣物，可用剪刀幫忙剪開衣物，並保留有沾黏的部分。有水泡時千萬不要弄破。

3. 繼續浸泡於冷水中至少三十分鐘，可減輕疼痛。但燒傷面積大或年齡較小的孩子，則不要浸泡太久，以免體溫下降過度造成休克，延誤治療時機。但當孩子意識不清或叫不醒時，就該停止浸泡趕快送醫院。

4. 用乾淨的床單、布或紗布覆蓋，不要任意塗上外用藥或偏方，以免傷口感染。

(二) 化學性灼傷

家中的化學產品沒有收好，讓好奇心很重的孩子發現之後他們就要「研究研究」，這個時候最容易發生意外。

緊急處理方法：

1　無論酸鹼度如何，受傷後要立刻用流動的自來水沖洗受傷部位，至少六十分鐘。

2　絕對不要把孩子的受傷部位泡在水裡，因為化學物質在水中擴散，容易造成更嚴重的受傷。

3　若眼睛被波及到，應撐開孩子的眼睛並以大量的水來沖洗兩小時，之後送醫治療。

(三) 接觸性燙傷

剛用過的熱水壺、電磁爐沒有遠離小孩，或者其他發熱物體隨便放，大大增加了小朋友接觸性燙傷的機會。受傷深度與溫度、接觸的時間均有關係，溫度低但接觸的時間久，也會造成燙傷。

緊急處理方法：

1　若皮膚為紅色或有水泡時，則需經過沖水、泡水的過程，再送醫治療。

2　若皮膚為焦黑或變白如蠟狀時，為深度燒傷的徵兆，可不必經過沖水、泡水的過程，而直接送醫治療。

(四) 火焰燒傷

有些家長習慣不良喜歡隨手扔掉菸頭，或者把打火機亂

放。而媽媽在做飯期間不關閉瓦斯，或是用火，人不在旁邊，這些都很容易造成孩子被火焰燒傷。

　　緊急處理辦法：

1　孩子身上著火時，可用棉被或大被單包住，此時切勿讓孩子奔跑，以免助長火勢。如果孩子能聽懂話，爸爸媽媽可立即讓孩子雙手掩住臉部就地臥倒。臥倒後讓孩子不斷地滾動或者爸爸媽媽用大塊溼布巾包住滅火。

2　等火熄滅後，孩子如果穿著衣服，可按前述的方法，讓孩子先泡到浴缸裡再把衣物去除，接著再用洗臉盆、皂水盆或浴缸中的水浸泡燒傷的部位，用自來水大量沖淋，替傷口降溫。十五分鐘左右的降溫時間即可。

3　燒傷面積大或年齡較小的孩子，不要浸泡太久，以免體溫下降過度造成休克，而延誤治療時機。尤其是當孩子意識不清或叫不醒時，要趕快送醫院。

4　千萬不要揉搓、按摩、擠壓燙傷的皮膚，也不要急著用毛巾擦拭，傷處的衣褲應剪開取下，以免表皮剝脫使皮膚的燙傷變重。

5　創口不要用有色藥液塗抹，以免影響醫生對燙傷深度的判斷，也不要用偏方醬油、牙膏等亂塗，以免造成感染或使創口加深。

（五）電灼傷

　　家中出現電線老化造成金屬線裸露、電線接頭沒有進行及時的處理等，這個時候加上爸爸媽媽在照顧時稍有疏忽，孩子

很可能就會被電灼傷。

緊急處理辦法：

1. 切斷電源和心肺復甦。要先切斷電源或用絕緣體將孩子與帶電物分離開。當孩子失去知覺時，要先檢查呼吸、心跳，若心跳停止，應就地立即施行心肺復甦術，同時盡快通知醫院派醫護人員，送醫院繼續搶救。

2. 浸泡或直接送醫院。電灼傷後受傷程度較深，且傷害多在體內，可不必經過沖水、泡水直接送醫治療。但若衣服著火燒傷則仍然需以火焰燒傷的方式先處理。

3. 對於嚴重的各種燙傷，特別是頭臉、頸部，因隨時會引起休克，應盡快送醫院救治。

4. 頭、臉、頸部的輕度燙傷，經過清潔創口、塗藥後，不必包紮，以使創傷處裸露，與空氣接觸，可使創傷處保持乾燥，並能加快創口復原。

5. 如孩子有發燒的情況，局部疼痛加劇、流膿，說明創口已感染發炎，應請醫生處理。4、孩子燙傷超過體表總面積的百分之五（每百分之一體表面積相當於一個手掌大），經過急救處理後，都應該去燒燙傷專科治療，以免延誤時機，造成不良後果。

看了以上那麼多種情況，只要對照一下那些潛在危險就會發現，其實很多小孩的燙傷都是可以避免的。危險發熱源是否收好？爸爸媽媽是否對小孩進行了充分的教育？爸爸媽媽都小朋友的照顧是否有漏洞？

在這裡給各位爸爸媽媽提供一些預防措施：

1　平時就要對注重培養孩子的安全意識，如：教會孩子在使用飲水機時先接涼水再接熱水；洗澡時要先用手試一試水溫等。

2　爸媽在日常生活中也要多用點心，注意家中的開水壺不要放在孩子可以碰到的地方；過燙的用具和食物也不要讓孩子接觸到；電熨斗用完後，要放到安全處等。

3　孩子可能出現各種燙傷的情況，爸爸媽媽一定要注意：如冬季取暖物品的燙傷、熱水袋、開水壺、電熨斗、火焰、蠟燭、吃燒烤、火鍋、吸管喝熱飲、飲水機等。

兒童安全事故緊急處理

1‧跌傷。

先把傷口的髒東西沖掉，局部消毒。如無受傷可以塗一些跌打損傷的藥，如果有傷口先以優碘或是白藥水消毒，後蓋上滅菌紗布。

2‧撞傷。

出現瘀傷或腫塊時，先冰敷，使血管收縮止血，同時有止痛作用，勿用熱敷也切用手揉搓傷處。若有擦傷則清洗傷口後消毒。

3‧割傷。

用乾淨紗布壓住傷口，止血後，再消毒包紮。

4・刺傷。

用鑷子將刺完全挑出，輕輕把傷口的髒血擠出來，止血消毒後蓋上紗布，若刺得深，或是被骯髒或是生繡的鐵釘刺傷，必須到醫院注射破傷風。

5・燙傷。

輕度燙傷可用冷水沖洗傷處後可以塗上燙傷藥，自行處理。較嚴重的燙傷則依下列五個步驟急救；

　　① 沖：用流動的水沖洗傷處。
　　② 脫：在水中小心脫掉或剪開燙傷處的衣物。
　　③ 泡：在冷水中持續浸泡三十分鐘。
　　④ 蓋：用乾淨的布覆蓋傷處。
　　⑤ 送：立即送醫院。

注意：燙傷不能用冰凍的水過分冷卻，皮膚表面出現水痘時，不可弄破。

6・扭傷。

用沾冷水的溼布冷敷，切勿扭、甩傷處。

7・脫臼和骨折。

傷者有脫臼和骨折現象時，切勿隨意移動肢體，可以冷敷減輕疼痛。頸部骨折時千萬別動，只能等待醫護人員處理。其它部位的骨折，如有把握固定好，就固定好送醫院。

8．流鼻血。

讓傷者坐下，頭略向前傾，不要仰頭以免血倒入喉嚨，然後用手壓住鼻子兩側四至八分鐘，向鼻中膈前下部按壓。可用溼毛巾冷敷幼兒頭部前額，使鼻中膈前下部毛細血管收縮。

9．異物侵入。

① 異物入鼻：會擤鼻子的孩子，可擤鼻將異物擤出，切勿用手指任意掏取。

② 異物入耳：若為小蟲，可到暗處用燈光照耳，引出小蟲。如出不來可滴少許乾淨無毒的嬰兒油，悶死小蟲後用鑷子夾出。或蟲子死後滴少許溫水，然後側頭讓其順水流出。如為豆類，切不可滴入液體，應找耳鼻科醫師處理。

③ 異物入喉：請醫生處理。

④ 異物入眼：讓孩子閉上眼睛，忍痛一下後，異物自然會同淚水一起流出。如不行，就到眼科治療，如為化學品，除石灰外都可用大量清水持續沖洗眼睛，石灰要先沖乾淨然後沖。

10．觸電。

切斷電源，或用絕緣體如木棒把電線挑開，進行人工呼吸。

第 4 章

遊戲安全常記心 —— 遊戲安全篇

玩具裡面細菌多 —— 保持孩子的玩具乾淨衛生

玩具是孩子不可或缺的朋友，也是孩子童年不可分割的一部分，許多父母熱衷給孩子買各種的玩具，孩子直接接觸玩具甚至啃咬，這時候父母們就要警惕了！

當父母的都有這樣的體驗，對細菌和病毒之類的詞特別敏感，尤其是孩子生過病以後，想到心肝寶貝被按在病床上讓護士一次次扎針的痛苦模樣，恨不得一下子把讓孩子得病的細菌病毒從孩子的身邊徹底消滅乾淨！

根據細菌學家的檢測：把消毒過的玩具給孩子玩十天以後，塑膠玩具上的細菌數可達 3,163 個，木製玩具上達 4,934 個，而毛、皮製作的玩具上竟多達 21,500 百個，這是多麼可怕的數字！聽到這個數字，家長們是不是有點害怕了，為了孩子的健康，趕快給孩子的玩具來個大清洗吧！

【場景小故事】

場景一

樂樂放學回家後，興高采烈的從書包中取出一袋袋花花綠綠的小玩具，放在水中還可以變大。樂樂玩得不亦樂乎。一下拿在手裡，一下放在嘴裡。爸爸看見樂樂玩得那麼開心，也沒加阻攔。

過了一下，爸爸叫樂樂去房間寫作業，叫了好幾次都沒有

動靜，便覺得有點不對勁。出去一看，發現樂樂嘴唇發紫的躺在地上，嘴邊還殘留著一些膠狀物質。爸爸急忙將其送往醫院。

後來才知道，樂樂正是因為玩了一種叫「史萊姆」的玩具，不小心把玩具放在嘴裡咬破了，繼而發生中毒。幸好爸爸及時發現，才沒有造成大礙！

場景二

六歲小男孩丁丁，喜歡絨毛狗，就連晚上睡覺都要抱著它。一段時間後，孩子老是哭鬧著喊喉嚨癢。不知緣故的家長就送孩子去醫院檢查，結果被告知是由細菌感染引起，而罪魁禍首就是毛線玩具內的黑心棉花。

【安全知識課堂】

現在市場上兒童玩具種類多不勝數，那些毛茸茸、觸感柔軟、憨態可掬的毛絨玩具更是孩子們的最愛，但孩子們在玩玩具的時候，家長們也要注意毛絨玩具的清潔和保養。

在每天數次的奶瓶、餐具消毒過後，媽媽們又跟玩具較上了勁：哪個孩子不吃玩具呀？玩具多髒啊！想想看吧，孩子小手東摸西摸，已經沾上了無數細菌，再摸玩具，一下又把玩具扔到地上，繼續東摸西摸，回頭再把玩具撿起來，放進嘴裡啃啃，那得吃進去多少細菌啊？！有幾個媽媽看到這樣情形不會尖聲喊停？

孩子玩玩具是非常肆無忌憚的，很多玩具都被弄的又髒又

亂，玩具上的細菌如果進入孩子體內，很容易引發疾病，媽媽要時常保持玩具乾淨，多給孩子一絲呵護！保持孩子玩具的清潔衛生可避免細菌侵入孩子的身體，那麼，怎樣注意玩具的清潔衛生呢？

1　要選擇便於清潔的玩具，如布製的、塑膠的、木頭的等等。

2　要定期清洗、消毒、曝晒玩具。孩子經常玩的玩具二週清洗一次，清洗過的玩具，應在消毒水中浸泡十分鐘並將浸泡過的玩具放在陽光下曝晒，徹底殺滅細菌。

3　讓孩子在玩玩具的過程中保持乾淨清潔，如不用髒手拿玩具，不將玩具放在髒的桌上和地上等等。

4　孩子暫時不玩的玩具，爸爸媽媽要將它裝入盒子，收置在櫥櫃內，以保證玩具不會被汙染。

5　毛茸茸、觸感柔軟、憨態可掬的毛絨玩具是孩子們的最愛。為了達到殺菌的目的，要經常給毛絨玩具進行「日光浴」。

玩具可以說是孩子的親密朋友，如果一些病菌潛藏在玩具裡，而家長又沒有注意，那很容易對孩子的健康造成威脅！所以家長不僅要照顧孩子的清潔，還要照顧孩子玩具是否乾淨。當然了，家長也可以訓練孩子自己清潔玩具，不但可以讓孩子建立衛生觀念，還可以培養孩子獨立動手嘗試！

不要躲在車底下玩耍 ——
改掉孩子不良的玩耍習慣

孩子天真活潑，好奇心強，頗有一種初生之犢不畏虎的架勢，什麼都敢動敢玩，對於停著的車輛甚至會躲在車底下玩或在車後玩，更誇張的會爬上停著的貨車。這樣造成孩子意外事故的機率大，特別是沒有成人照顧的孩子更是如此。

因為孩子對於安全的界限過於模糊，他們不知道自己所處的危險環境，更不知道這些危險會為自己帶來多大的傷害。所以，對於孩子一些不良的玩耍習慣，家長要及時給予糾正，改變孩子的惡習。這樣孩子不僅安全，家長也會更放心。

【場景小故事】

場景一

四名不足六歲的孩子在一輛大汽車底下玩耍。突然，一名二十多歲的男子從附近一幢樓房裡出來，奔向那輛汽車。該男子並沒有看到在車底下玩耍的孩子，車子啟動了，其中一個孩子聽到響聲後及時從車底下滾了出來，另外三個孩子則被緊緊地卡了下面，無法動彈，頓時車底下響起一片慘叫聲。聽到孩子們的慘叫聲，附近的人們立即向汽車跑去，司機也急忙下車。在眾人的努力下，汽車被抬離了地面。一個小女孩和兩個小男孩滿臉都是血，被從車底下救出後送到醫院搶救。據醫

生講，其中兩個小孩的傷勢不是很嚴重，一個是臉部和左耳擦傷，肩膀和右腿有創傷；另一個則是臉部和胸部受到了創傷。傷勢最重的是四歲的小女孩，她的眉骨處有五公分的傷口。

場景二

一天傍晚，在社區的一幢樓前，臨時停了一輛卡車，司機去樓上辦事。司機辦完事下樓後，上車就倒車，此時有兩個六歲的孩子正鑽在車底下面玩耍，根本沒有覺察車子要開動了。當司機聽見「嘭」的一聲，下車一看，其中一個孩子當場死亡，另外一個孩子則在車中間而倖免於難。

【安全知識課堂】

孩子在停著的車底下或車後玩耍是很危險的。因為司機無法藉由後照鏡清晰看清汽車後方的區域，所以還留有許多死角。車的體積較大，阻擋了對周圍區域的清晰判斷；加上孩子的身體較小，很容易被忽視。著急出門的司機一旦把車開動，在車底下與車後玩耍的孩子極易出事。

告訴孩子不要在大型汽車卡車下面玩耍，這是非常危險的行為。如果司機來開車，孩子玩得正投入沒有察覺，而司機也沒有發現孩子，那就會發生危險。

此外，在車庫前玩耍也很危險，當汽車從車庫裡開出來時，司機可能會沒注意到前面的孩子，這樣就容易出現危險情況。

蜂窩別亂動 ── 告訴孩子不要亂動蜂窩

　　生活中我們經常會見到蜂窩，黃蜂是黑紅色、黃色相間的顏色，體型細長勻稱，尤其是「三圍」很標準，黃蜂的飛行速度很快，比蜜蜂快多了，體型也大，飛行時一聲不響，通常都將蜂巢建在農家房屋上，也就是黃蜂的家。平常黃蜂都按自己的生活習性忙碌，也不會螫人。

　　到了夏天，黃蜂忙碌著建設自己的家，準備要繁衍後代。黃蜂在交配時，妊娠分娩及幼蜂降生時，情緒極不穩定很煩躁，偶爾就傳出螫人事故，在夏季人們穿的衣服很少，皮膚露在外面，馬上就在被螫的身體部位起個大腫包。疼痛難耐，尤其孩子，一旦被螫了，立刻哭的哇哇直叫，還得快跑，不然其他黃蜂又飛過來螫。所以在農家大院裡，總懸著這把「劍」，讓一家人不安。

　　一般來說，黃蜂不會直接對人類造成危害，通常是「人不犯我，我不犯人」。但如果有人捅了黃蜂窩。黃蜂就會「群起而攻之」，一旦頭上重要部位被毒蜂螫傷，特別是直接刺入血管內或多處同時受螫傷，可引起中毒、過敏性休克、抽搐、昏迷、腎衰竭、出血等嚴重症狀。甚至會導致死亡。家長要告訴孩子，千萬不要亂動蜂窩，以免發生危險。

【場景小故事】

場景一

在某社區內的廣場，許多居民聚在路燈下跳舞。一些黃蜂自由自在地盤旋著。這時一個孩子指著一棵十七八公尺高的杉樹說：「這棵樹上有蜂窩。」於是他約來幾個小朋友決定一起把這個蜂窩消滅掉。「轟」的一下，上千隻受驚嚇的黃蜂從枝葉間衝出。遠遠圍觀的居民被黑壓壓的黃蜂嚇壞了，紛紛低頭躲避，生怕被螫，可舉著燈的一位先生還是被黃蜂認定為「兇手」。狠狠地螫了他的右手食指，這幾個孩子也被黃蜂螫得滿頭是包。

場景二

一天下午，芳芳和表姐、弟弟以及另外一個朋友到家附近的山裡去玩耍，一下，幾個孩子就匆匆跑了回來，表姐支支吾吾的給家裡人報告整起事件，說他們戳了蜂窩，被群蜂螫傷。到了第二天上午，守在芳芳病床旁的表哥告訴記者，出事之後，被黃蜂螫了的幾個朋友除了說疼，也沒有其他症狀，大人們也就沒有在意。可是早上，當芳芳醒來後發現，臉部已經腫得不像樣了，芳芳的表姐臉部也腫了起來，大人們便立即把兩個孩子送往當地醫院。由於芳芳病情最嚴重，當天晚上，家人將芳芳連夜轉院到更大的兒童醫院。所幸經過全力搶救，芳芳終於脫離了危險。

場景三

小李夫婦帶著三個孩子到屋後的山上砍柴，三個小孩便在山上玩耍。小李夫婦沿著山腰砍柴，漸漸地離小孩玩耍的地方有一段距離，三個小孩玩耍時突然發現了一個蜂窩，他們之中，年紀大的只有七歲，最小的才三歲。三人一陣商量，便從附近弄來一根木棍，七歲的姐姐帶著弟妹二人一起用棍子去戳黃蜂窩。不料被驚動後的黃蜂瘋狂地螫咬姐弟三人，當時三名小孩全身多處被螫傷。小李夫婦抱著小女孩往醫院趕，但是地處偏鄉，路途遙遠，五歲多的小女孩在去醫院的途中不治死亡，三歲多的小男孩和七歲的女孩也身受重傷。

【安全知識課堂】

如果捅了蜂窩，就是惹下大禍了，蜂群一定很生氣，而且絕不饒人！但是，捅蜂窩是孩子們最刺激的娛樂，孩子們手握長長的竹竿，突然用力戳幾下，這時黃蜂群開始亂飛了。其他孩子一邊看、一邊準備隨時腳底抹油落跑的姿勢。直到把蜂巢捅下來。眼看要掉下來了，有的孩子趕快跑在房子裡關上門躲起來；有的孩子跑的遠遠地躲起來。這時的黃蜂群嗡嗡瘋狂叫著，飛行速度很快，就像一架架戰鬥機俯衝著衝向孩子們，有的孩子防不勝防就被螫了。

即便孩子被咬過，一旦疼痛過去了，再次見到蜂窩，還是會手癢去捅一下。所以家長要告誡孩子被黃蜂咬傷的危害，也

要告訴他們遇到黃蜂襲擊時要注意以下幾點：

1　如遇黃蜂來襲，一定要就地蹲下或趴下，千萬不要狂奔。因為黃蜂的複眼對移動的物體看得更清楚，會群起追擊。

2　盡量用衣物保護好自己的頭、頸等部位，因為蜂類喜歡攻擊人的頭部。

3　如被黃蜂螫傷，切忌用手去搓。可以先用肥皂水等清洗傷口，然後用鑷子小心地夾出黃蜂留在人身上的刺。如仍感覺不適應，迅速到附近醫院救治。

4　黃蜂毒液量大，被螫後如果情況較輕，可在傷口處塗一些氨水，消腫止痛：如果引起發燒、頭痛等症狀，一定要及時到醫院治療。

5　過敏性體質的人被黃蜂螫傷，容易發生過敏性休克。如果孩子的皮膚過敏，在去野外活動前，應攜帶抗過敏、抗發炎藥物，一旦被螫傷可以馬上服用以避免發生生命危險。

6　此外，如果孩子要到野外活動時，家長最好不要讓孩子穿顏色鮮豔的衣服，以避免黃蜂的攻擊。因為黃蜂喜歡顏色鮮豔且具有芳香味的花卉植物，會誤把顏色鮮亮的衣服當作花卉植物。

黃蜂似乎要比孩子想像的厲害得多，一旦把牠們惹怒了，孩子是沒有辦法招架的。所謂「人不犯我，我不犯人」。小朋友們還是安分點吧，不然黃蜂可是不饒你哦！

遊樂場裡注意多 —— 遊樂場裡也隱藏著危險

　　遊樂場是孩子的天堂，卻也是常常發生危險的地方。父母首先要了解遊樂場裡可能隱藏的危險，對那些潛在的危險有足夠的警惕，知道怎樣避免危險的發生。

　　孩子好奇心強、活潑好動，在令人眼花繚亂的遊樂場裡，孩子對所有的事物都會感到新鮮有趣，情不自禁地去觸摸、嘗試，但遊樂場常常有些設施是很危險的。家長要一定要讓孩子了解遊樂場裡可能隱藏的危險，讓孩子對這些潛在的危險有足夠的警惕。這樣才能有效避免這些危險的發生，讓孩子保護自己。

　　根據美國消費者安全委員會統計，每兩分半就有一名小孩在遊樂場所發生意外，一年超過二十萬名孩童深受遊樂場意外傷害之苦。因意外傷害造成的兒童死亡占兒童死亡總量的21.6%，即每一百名死亡兒童中就有二十六人死於意外傷害。目前每年約有十六萬個零至十四歲兒童死於意外傷害。

【場景小故事】

場景一

　　李先生帶女兒去公園的遊樂場玩旋轉溜滑梯，女兒一次次地爬上滑下，玩得開心。可是，在一次下滑的過程中，女兒兩腿分得太開，鞋上的小花掛在了溜滑梯邊上，一條腿被卡住，

而身體卻還在往下滑，於是身體翻了一圈，頭朝下滾了下去！王先生看在眼裡，卻因為距離太遠跑不過去，等他衝到女兒身邊時，女兒已經滿嘴是血的大哭起來了！幸好只是咬破了嘴皮，牙齒沒受傷，但孩子那幾天吃飯喝水都受影響。

場景二

醫院來了三個同時被電火花擊傷的孩子。這三個孩子在兒童遊樂園玩耍的時候趁父母不在，拿著電水壺的插頭就去戳一個大型遊樂設備插座。結果「劈哩啪啦」一陣響，一陣電火花躥了出來，瞬間就將三個孩子的手傷了。其中一個八歲女孩的左手，指間的皮都破了，已經能看到鮮紅的肉，家人趕快將他們送到醫院。醫生說，由於設備用的不是高壓電，這三個孩子的傷還算較輕，靠上藥換藥就能夠恢復了。如果是高壓電，三個孩子可就沒命了。

場景三

毛毛媽媽說，兒子今年九歲，健康活潑，聰明可愛。上個週末她帶毛毛到遊樂場玩。毛毛首先就到彈跳床跳了起來。沒多久，孩子在一聲尖叫後抱著左腿跌在了彈跳床上。是因為一個大孩子跳得很高，落下來正好坐在毛毛的腿上。遊樂場工作人員及毛毛媽媽將毛毛送到醫院接受治療。經醫生檢查後發現，毛毛的左腿股骨粉碎性骨折，有可能對孩子今後的生長發育產生影響。

本來帶著孩子高高興興到遊樂場去玩，不料孩子的腿卻粉碎性骨折，毛毛媽媽為此自責不已。毛毛媽媽說，沒有想到在彈跳床上玩也會有危險，都怪我疏忽。

【安全知識課堂】

家長帶孩子去遊樂場時要注意以下事項：

1　要選擇經檢測合格，比較安全、合法的遊樂場。
2　告訴孩子，參加每一項活動，都要認真閱讀遊戲說明。要嚴格遵守各種遊樂設施或活動規範的年齡、身高等要求去選擇；要嚴格按規定採取保險措施，例如繫好安全帶、鎖好防護欄等，不要開玩笑或冒險做出一些危險的舉動；要遵守遊樂場的安全規定。
3　當身體不舒適時，告訴爸爸媽媽，不要因為貪玩而勉強參加遊樂活動。
4　不要去玩不適合自己身高、體能的遊樂設施，千萬別認為自己年齡夠了、膽子大就可以玩。
5　去遊樂場時，盡量穿簡單的衣物，不要穿過長或下擺過大的衣服，以免被其他小朋友踩住、拉住而摔倒，或在上下遊樂設施時衣服被勾住而摔倒。

在遊樂場，家長要孩子禁止做以下行為：

1　不要一邊玩鬧、說笑一邊吃東西，邊吃邊玩很容易讓氣管進入異物，發生危險；也不要把手、頭等伸出遊樂設施安全範圍，以免發生意外。

2　玩攀爬設施時，不要攀爬過高，以免鬆手墜下，造成意外
　　發生。因為兒童的手部肌肉未發育完全，不能像成人一樣
　　可以有力、持久地握持某一物體，尤其是年齡較小的孩子
　　更要格外注意。

3　跳躍活動的時間不要太長。長時間跳躍或從高處跳下會導
　　致兒童的肌肉損傷或韌帶拉傷，對骨骼的發育也不利。
　　因為兒童的腿部肌肉和韌帶稚嫩，不能單獨戲水，一定
　　要事先備齊游泳圈等救生裝備，並有成人在旁監護，以
　　防溺水。

各類遊戲注意事項：

1　玩水上遊樂活動如水上摩托車、香蕉船等時不要嘗試移動
　　身體戲水，這樣容易落水造成傷害。

2　玩蹺蹺板時父母要告訴孩子注意對方的動作。因為這個遊
　　戲需要兩個孩子配合才能玩得起來，所以不能隨便上或
　　下；否則一方下來了，另一方沒有準備，很可能被狠狠地
　　摔一下。

3　玩盪鞦韆時雙手要始終抓牢鞦韆的繩索或是鐵鍊，不玩的
　　時候，要等鞦韆完全停住了再下來。另外，經過鞦韆旁邊
　　時，一定要繞著走，不然會被盪起來的鞦韆撞到。

4　玩碰碰車時，除了繫緊安全帶之外，不要做太劇烈的碰
　　撞，尤其是正面碰撞。

5　玩溜滑梯時，如果孩子年齡太小，要在父母的陪同下完成
　　遊戲；年紀大一點的孩子，則要告訴他，如果前面有小朋

友，要等小朋友滑下去後再滑，滑完後馬上起身離開，也不要從溜滑梯出口處往上爬。溜滑梯很容易出現一種情況：孩子們沒有間隔地一個接一個往下滑，人多的話，容易堆在一起，踩傷或扭傷。

6　跳彈跳床，一旦落地不穩，會摔在彈跳床上，如果人多的話，會有被別的小朋友踩到的危險，嚴重的還會造成扭傷、骨折。所以，要選擇人少的時候玩這種遊戲。如果人太多，就要等一下再玩。

7　乘坐兒遊樂設施時千萬不能中途站起來，更不能解開安全帶。

8　玩滑道時，不能中途鬆手跳下，等滑到最底，滑不動了再鬆手跳下來。不要原路返回，否則會被滑下來的其他人撞得人仰馬翻。不要因為害怕或心急，滑到一半就鬆手，這樣容易發生危險。

9　兒童最好不要玩刺激且高速運轉的遊樂場項目，如海盜船、雲霄飛車等。因為巨大的恐懼，或是不能好好保護自己，容易發生意外，如高空墜落、摔傷或者壓傷等。

薄冰難承生命之重 —— 不要讓孩子冰面上行走和玩耍

在外旅遊，最新奇的就是結冰湖了，總有人冒險踏上冰面拍照。但其實冰面並沒有完全結凍，所以孩子不要隨意在水面上溜冰，如果想要溜冰，最好是去安全的溜冰場。家長除了要

提醒孩子外出注意安全以外，也要告知孩子在沒有安全防護的情況下，應該盡量避免這種冰面運動，免得貪玩發生意外。

如果孩子貪玩，在冰面上溜冰亦或是玩耍。那在這種情況下，溺水事件極易發生，而孩子們的自救和救人的能力都很差，一旦大人沒有照顧好，悲劇往往就發生了，開心出門，千萬不要帶著悲傷回家。

【場景小故事】

場景一

冬季的一天，一條小河結上了厚厚的一層冰。當天下午，住在附近的九歲的小強帶著五歲的小雲和四歲的小玲到河邊去玩。他們用石頭砸河面的冰，發現砸不破，於是三人相繼到冰面上滑冰玩耍。

當天下午兩點左右，幾名孩子的家人發現孩子不見了，四處尋找也沒發現孩子的下落。下午三點，一名村民經過河邊時，無意中發現河面上有一個冰洞，裡面有花花綠綠的衣服，走近仔細一看，大吃一驚，原來有人溺水了。

警察接到報案後，迅速趕到河邊，救生員協助砸開冰層，跳進河裡，冒著嚴寒將三名小孩打撈起來。隨後，醫護人員也趕到現場，經檢查，三名小孩身體腫脹，已經停止呼吸多時。

場景二

三兄妹到一處結冰池塘玩耍時，因為冰層破裂落水。落水的三個孩子最大的七歲，最小的妹妹只有四歲。當天上午，哥哥帶著弟弟妹妹在離住家不遠的一處池塘旁玩耍。哥哥看見池塘結冰透亮透亮的，想著電視裡的溜冰鏡頭，一時興起，就走到冰面上，還不時地滑動著。弟弟妹妹見了也叫著要去冰面上玩。三人在冰面上嬉笑、打鬧，由於三人大幅度動作導致冰層破裂，兄妹三人落入了冰窟裡。

此時十二歲的男孩小亮剛好路過此地，於是就找來一根一公尺左右的長木棍進行援救，先後將兩個哥哥救起，最小的妹妹手沒力握不住木棍，幾次救援都失敗。在隨後趕到的幾個大人幫助下才將妹妹救起，此時的妹妹已經全身發紫，身體開始僵硬，雖經搶救，但還是沒有挽回孩子的性命。

【安全知識課堂】

只要仔細觀察，就會發現，湖面冰層雖有一定的厚度，但上面存在一些裂縫，有裂開的風險；另外，冰面還可能會有被垂釣者鑿出的冰洞握，稍有疏忽就有可能掉進去。如果河面沒有完全結凍。冰面就容易破裂。而孩子根本沒有判斷河面是否全部結凍的能力，冰面一旦破裂，在冰面上的人就會掉進冰下。不論會不會游泳，掉進冰下都是很危險的，生還的可能性極小。

萬一在冰上發現冰面破裂，要按照下列方法去做：

1　要沉著冷靜，不要驚慌，一邊大聲呼救，一邊雙腳踩水，這樣可以避免身體沉入冰水之中。

2　雙手或雙臂不要在冰面上亂撲亂打，這樣會使冰面破裂的面積加大，使自己完全掉入冰下。

3　要細心觀察周圍破裂的冰面，找到冰面最厚且裂紋最少的部位，慢慢轉移過去。

4　要使身體靠近冰面最厚部位的邊緣，雙手伏在冰面上，雙足踩水，盡量使下半身浮起。全身呈一條直線，但要注意力度，千萬不要使用蠻力，從而導致冰面擴大破裂。

5　如果冰面破裂不是很大，可以雙手張開，使冰面受力面積加大，一點一點地用手肘爬動，身體逐漸往前挪，慢慢離水。

6　離開冰洞後，不要立即站立，以防冰面承重而再次斷裂，要臥在冰上，滾動或爬至岸邊再上岸。

7　如發現有人落入冰下，也不要貿然進入水中營救，尤其是年齡小、不會游泳的孩子。可以大聲呼喊，請成人前來營救，也可以將繩子、木棍等物遞給落水者，注意接近冰洞時，身體要趴在冰面上，以防冰層再次出現斷裂。

鐵軌不是遊樂場 —— 不要讓孩子到鐵路上玩耍

在特定的鐵路，常見網紅或是遊客犯險拍照，放任孩童在鐵軌上玩耍，這不僅是對自己生命的漠視，也給列車的行進

帶來威脅。拿石頭扔火車、在鐵軌附近堆雜物、坐臥鐵軌拍照打鬧等驚心動魄的險境屢屢發生，他們的人身安全實在令人擔憂。家長應教育孩子不要到鐵路上去玩，特別是住在鐵路附近的人家，更該嚴格管教。

【場景小故事】

場景一

蘇先生在路過火車站附近的一段鐵路時，見到一群五六歲的孩子闖進鐵路玩耍，周圍並沒有任何成年人照顧。蘇先生見了朝他們大聲叫喊：「不要在鐵路上玩，快點走開。」但這群孩子聽到叫聲只朝他看了看就再也不理他了，繼續在鐵路上玩他們的遊戲。正在這時有一列火車朝他們開過來，那汽笛聲不停地響著，這群孩子好像沒有聽見一樣，依然沒有離開鐵路。等到火車離他們很近時，他們才慢慢地離去，孩子們剛離開鐵路，那列火車便呼嘯而過。看上去非常危險，蘇先生為這群頑皮的孩子捏了一把冷汗。

場景二

六歲的波波家附近有個火車道，每天這裡都有許多火車經過，波波經常站在路邊看火車。有一天，他在路旁等了半天也沒見火車來，就跑到鐵軌上玩起來。他一下撿石子，一下把鐵軌當平衡木玩，卻沒有聽到遠處有火車漸漸駛來。「嗚……」火

車遠遠開過來了，波波卻還蹲在地上專心地摳石子，幸好一位鐵路工人看到了波波，他幾步跑過去一把把波波抱出了鐵軌，火車從他們身邊呼嘯而過，波波被突如其來的巨大響聲嚇得大哭起來……

【安全知識課堂】

家長要教育孩子注意安全，需要做到以下幾個方面：

1　不要在鐵路上行走，更不要在鐵路上坐臥。因為火車速度快、聲音小、慣性大、不易停下，在鐵路上行走、坐臥容易發生傷亡事故，給自己的生命帶來危險。

2　不要攀爬鐵路旁的高壓電桿，不用彈弓棍棒或繩索等物擊打高壓電纜，電氣化鐵路電壓極高，所以要避免因高壓觸電而造成傷亡。

3　居住在鐵路附近的小朋友們穿越鐵路時，一定要走專用通道如平交道或天橋，嚴禁隨意橫越鐵路線、翻越道口欄桿、強行穿越道口，不與列車搶道。

煙火爆竹有危險 —— 禁止孩子接觸煙火爆竹

新年鐘聲敲響，爆竹聲震響天宇。在這「歲之元、月之元、時之元」的「三元」時刻，有的地方還在庭院裡壘「旺火」，以示旺氣通天，興隆繁盛。在熊熊燃燒的旺火周圍，孩子們燃放煙火爆竹，歡樂地活蹦亂跳，這時，屋內是通明的燈火，庭前

是燦爛的火花，屋外是震天的響聲，把除夕的熱鬧氣氛推向了最高潮。

爆竹聲聲除舊歲，梅花點點迎新春。爆竹和煙火已經成為過春節的文化符號，沒有了爆竹的渲染，沒有了煙火的點綴，春節便少了幾分熱鬧和喜慶。

但是，儘管年年燃放爆竹和煙火，卻有因燃放煙火爆竹致傷致殘亡人事故（尤其是兒童受傷者不在少數），也有因為燃放煙火爆竹造成失火的事故。面對安全隱患，有些家長一方面視若無睹，另一方面卻禁止孩子接觸煙火爆竹，這兩種情況，都存在很多問題。

【場景小故事】

場景一

大年初六，六歲的君君和小朋友在院子裡玩耍時撿到了一個廢棄的鞭炮。由於好奇，君君就踢了踢這個鞭炮，結果鞭炮裡的火藥散了出來。他直接將鞭炮裡的火藥倒在了地上，準備和朋友一起點。君君將火藥點燃，迅速燃起的火焰讓蹲在地上的君君避讓不及，被撲面而來的火焰燒傷了右手和臉部的皮膚。而和他一起點火藥的朋友也被燒焦了一些頭髮。已經上小學的君君馬上就要開學了，但是醫生說他至少還要七天才能出院，這樣一來肯定趕不上開學了。而且君君右手的大拇指和食指現在都不能動，拿不了筆，根本不能寫作業，賠掉的不只是

時間跟健康，連快樂的上學時光也沒了。

場景二

在醫院病房裡，四歲的阿康正拿著一個小圓鏡看自己塗滿藥膏的小臉。阿康的媽媽說，大年初一下午，小阿康就被鞭炮炸傷住進了醫院，已經住院十天了。剛進醫院的時候，小阿康的眼睛都睜不開，一直哭鬧著回家，直到第四天眼睛能睜開了，看見鏡子裡自己的臉才不鬧著回家了。

大年初一下午，阿康在自家開的小商店旁邊玩，附近幾個十七歲左右的孩子在放鞭炮，阿康就在旁邊看。後來有一個鞭炮沒有響，幾個孩子都湊過去，小阿康乾脆就蹲在了鞭炮的旁邊。突然鞭炮響了，四歲的小阿康來不及躲避，臉部被炸傷。

【安全知識課堂】

過年大家都喜歡燃放煙火炮竹，小孩子更是會對各種煙火產生濃厚的興趣。不過，當絢麗的煙火給人們帶來快樂時，卻有孩子因燃放煙火爆竹而意外受傷。所以家長一定要做好安全防範措施，家裡的煙火爆竹要收好放好，燃放的時候也須有大人在旁指導。

1　購買符合國家安全要求的煙火爆竹。煙火爆竹傷人有很大一部分是因為產品品質不合格。因此，消費者要到法律許可的合法銷售點購買煙火爆竹，不要在無證無照的小攤販處購買。品質合格的煙火爆竹產品表面整潔，無藥粉、無

黴變、無明顯變形；筒體黏合牢固，不開裂、不散開。有完整、清晰的產品名稱、產品合格標章、製造商名稱及地址、生產日期（或批號）、聯繫電話和燃放說明，而且印製了易燃易爆危險物品警示標誌。同時要查看導火線是否有鬆動，是否是安全引線並有護引紙保護。並要向商家索要購貨憑證。千萬不要嫌麻煩、貪便宜購買私家小作坊製作的劣質煙火爆竹，一旦造成人身傷害會得不償失。

2　正確選擇煙火爆竹的燃放地點，嚴禁在人群密集、柴草密集區等公共場所燃放。禁止在樓群和陽臺上燃放；不在室內點燃煙火爆竹；不要在易燃易爆物品附近燃放；必須在平整的水泥地上點燃煙火爆竹；不可在乾枝葉或可燃的物體上點燃煙火爆竹。

3　兒童燃放煙火爆竹一定要有大人在旁進行指導，要給孩子講清楚，小孩子不能單獨放煙火。與孩子討論關於煙火爆竹燃放的安全重點，並教孩子，當衣服著火時，不要跑，要站定、躺下並在地上滾動，以滅掉身上的火。同時要教他們怎樣撥打一一九報警和怎樣用水撲滅火。

4　禁止兒童燃放鞭炮，禁止手持煙火燃放。如今爆竹炸藥含量較高，手持燃放非常危險。當燃放過程中出現異常情況時，不要馬上靠近查看，以防炸傷眼睛，應等待足夠長的時間並確認原因後再做處理。不要試圖再次點燃未響或未燃的煙火爆竹，防止發生意外。點燃時，不要手拿爆竹或扔向他人。禁止將臉或身體的任何部位放置在煙火爆竹上面，不要把煙火爆竹放在衣服的口袋中。

5　萬一被火燒傷，應立即脫掉著火的衣服，用自來水沖洗。如果是頭部燒傷，可取冰塊，用打溼的乾淨毛巾包住作冷敷。不宜塗抹醬油或油膏之類，易引起細菌感染。若手足部被鞭炮等炸傷流血，則應迅速卡住出血部位的上方，擦藥止血。如果出血不止又量大，則應綁住出血部位的上方，抬高患肢，急送醫院清創。但綁帶每十五分鐘要鬆解一次，以免患部缺血壞死。

直排輪要小心 —— 選擇安全的運動方式

不知不覺，直排輪已成為一種孩子們極其喜愛的運動方式，公園裡，廣場上，大大小小的孩子在參加著各種訓練班，有的孩子甚至只有兩歲多就已經開始學習了。直排輪鞋最初是二○○○年在美國開始使用的，但是研究者們說，人們對其安全性還不太清楚，在調查中也發現女孩比男孩更易受傷，受傷者的平均年齡在十歲以下。

每年的假期，是小朋友們最開心的一段日子，同一個社區裡的小朋友們經常聚在一起玩耍，他們打羽毛球、玩捉迷藏、直排輪。而家住在高層樓房的小朋友經常為了方便或者急於下去玩，有時會穿著直排輪鞋下樓梯，這樣做是很危險的。如果在樓梯上踩空，或輪子不小心打滑，就會摔下去，後果不堪設想。愛爾蘭和新加坡的醫生均指出，摔斷手腕、手臂和腳踝及手肘脫臼，甚至顱骨破裂個案的受傷兒童主要是在穿著直排輪

鞋時受傷的。

【場景小故事】

明明和亮亮是一對好朋友，他們都喜歡直排輪，所以經常在一起練習。一天他們覺得在平地上滑太沒意思了，就決定到樓梯上去去表演特技。他們時而從上往下蹦，時而從下往上跳，還時不時地縱身而起做幾個動作，玩得很盡興。可是上、下樓梯的人們卻小心翼翼地走著，生怕一不小心碰到了他們。正在他們玩得高興的時候，明明的爸爸回來了，他看到這一幕後。狠狠地責罵他們。後來爸爸告訴他們：在平地上滑行都需要做好防護。像他們這樣只做一些簡單的防護就在樓梯上跳來跳去是非常危險的，一旦摔倒就有可能骨折，嚴重的還會有生命危險。明明和亮亮聽了以後非常害怕，都覺得自己不應該在樓梯上玩溜冰，從此以後他們只到人少的廣場上去玩。因為他們知道安全是第一位的。

【安全知識課堂】

要讓孩子體會直排輪的美妙，家長可要做好安全保護措施。所以，如果孩子是一個直排輪愛好者，那麼家長一定要做到以下幾點：

1　不要自己教孩子，要送孩子到專門的機構去上課訓練，教練會告訴孩子如何保證安全。自己也要了解孩子學直排輪的簡單步驟及操作、穿戴技巧。這樣在陪同孩子一起訓練

時，能夠更好的預防意外發生。

2　時刻提醒孩子安全。不要穿著直排輪鞋在樓梯上行走，滑行中也不要相互打鬧，尤其不要從背後推人，也不要手挽手集體滑行。盡量不要佩戴不利於運動的飾物，如手鐲等，如果手鐲破碎很容易割傷手腕，這是很危險的。

3　監督孩子進行安全跌倒訓練。摔倒時要向前撲倒，雙手及時扶地，以免臉和牙齒受傷，如手裡拿著東西要及時丟掉，要避免向後跌坐或讓身體的某一個部位單獨承受撞擊。

4　如果孩子是初學者，要選擇障礙物少、盡可能空曠的水泥地，如廣場、操場等。如果有可搬動的障礙物，要事先幫孩子清除；如果障礙物為花壇、柵欄等不可搬動的，家長應站在障礙物前，保護孩子不會直接撞上。

5　家長要禁止孩子做危險或妨礙他人的動作，特別是在人多的公共直排輪場內，如幾人拉手滑行，在速滑道上逆行或與大家滑行方向逆行，亂蹦亂跳，在場內橫衝直撞，追逐打鬧，突然停止等，這都是既妨礙他人，又容易發生危險的事情。如果在馬路上滑行，更要注意交通安全，最好要在人少車少的地方練習。

6　學習直排輪時摔跤是不可避免的，但要學會在摔跤時做自我保護。方法是：當要向前或向側摔倒時，要主動屈膝下蹲，用雙手撐地緩衝，減小摔倒的力量；當要向後摔倒時，也要主動屈膝下蹲，降低重心，盡量讓臀部先坐下，並注意保護尾椎處，同時低頭蜷身，避免頭部向後仰

撞地；摔倒時應盡量避免直臂單手撐地，這樣很容易損傷手腕。

小心「電視病」找上孩子 ——
教孩子正確地看電視

現在大多數小孩都喜歡看電視，而且一看就是半天甚至一天，當他看得入迷的時候別人說什麼都聽不進去。怎麼才能讓孩子從電視機前走開，成為了假期中不少家長的難題。

孩子天生對顏色、聲音比較敏感，未出生時就能「聽懂」音樂，出生後不久就喜歡對著五顏六色的電視畫面。六個月以後，就能看懂簡單的電視節目，並被電視吸引。

零到三歲，是孩子個性培養的關鍵期，孩子的許多習慣、愛好都是在這期間形成的。電視的某些節目對孩子的成長是有利的，比如：卡通能提高孩子的興趣愛好，手作節目，提高孩子的創造力。但電視裡這種節目畢竟占少數，而且只是單方面的「灌輸」，所以對啟發孩子的智力作用並不大，長時間看電視更會占用孩子很多時間。

【場景小故事】

三歲的源澈聚精會神地盯著電視螢幕，眼睛眨都不眨，看到緊張處，他則如臨大敵一般，大氣不敢喘一口。媽媽叫他，他最多以極快的速度往這邊瞟一眼，緊接著就又盯上了螢幕。

每到這時候，源澈的媽媽就會抱怨自己不該把各種卡通的 DVD 買回家。

之前也沒發現源澈喜歡看電視，在他第一次在電視上看到天線寶寶的時候，他就非常喜歡，看到孩子這麼開心，沒有多加考慮，媽媽就把影碟買了回來。後來，也斷斷續續的買了其他的卡通。但令媽媽沒想到的是，源澈現在吃飯要看著卡通的節目才肯吃；在家只要有人提到卡通三個字，他就會馬上拉著家長的手走到放映機跟前要家長播放；看卡通的時候，任何人只要擋住他的視線，他都會煩躁不安；更要命的是，他總是看不夠，要給他重複播放好多遍他才滿意……如此下去，源澈媽媽擔心孩子的眼睛會受不了。

【安全知識課堂】

其實源澈媽媽的擔心也不無道理，你會發現小學生中，眼鏡一族加大了。看著他們那厚厚的眼鏡片掩擋著那本該明亮清澈的眼睛，再一想到在那本該活潑好動的年齡裡，因為眼鏡的妨礙會少了許多的歡樂許多的嬉鬧玩耍，這本該屬於他們的童年，被眼鏡牽絆住了。

研究人員發現，花大量時間看電視的六至七歲兒童，其眼球背面的動脈較窄。當這些兒童成年後，他們患心臟病、高血壓和糖尿病的機率就會增加。雪梨大學的研究人員對雪梨三十四所小學的一千五百名六至七歲兒童進行了調查。這些兒

童每天看電視的平均時間為一點九小時，但參加體育活動時間僅為三十六分鐘。

調查結果顯示，那些每天進行體育活動一個小時以上的孩子，與每天運動不到半小時的孩子相比，其視網膜動脈平均寬出了許多。研究還發現，與進行最少體育活動的孩子相比，運動最多的孩子，其微血管更為健康。這說明不健康的生活方式可能會影響幼年的末梢循環，增加晚年患心臟病和高血壓的風險。

研究人員指出，很多人都習慣一回到家就開電視，一坐下來就是數小時，這樣做對心臟及整體健康都不好。對此，應該向孩子們推廣自由玩耍活動，學校應讓孩子們每週進行兩個小時的體育活動，家長也應該把孩子從沙發中拉起來多進行運動。

1 以優質的 DVD 取代不好的電視節目

其實已有愈來愈多的家長發現電視節目並不能提供孩子有益的內容，願意花錢購買或租借優質的 DVD 當孩子的教學工具。例如很多孩子都喜歡看的可愛巧虎島，幾乎已成為他們的共同話題。

不過家長要掌握教育孩子的最佳時間。當孩子對父母的管教無從適應時，內心便會形成一種心理壓力，漸漸影響到他們的行為，產生失調，如學習情緒及效率低落、坐立不安、注意力不集中。而潛意識會驅使他們做出一些小動作，如搖頭，眼

圈周圍、嘴角及手臂肌肉不自覺地抽動。當父母發現孩子行為失調時，不妨與孩子交談，以了解他們內心不安的原因，並檢討自己管教方法失當，以便矯正子女的失調行為。

2　把電視機放在不顯眼的角落，把遙控器收起來

自從一九六〇年代人類有了電視機，它就霸占了客廳最重要的角落，但現在最新的潮流卻要把電視機推到最不起眼的角落，以減少它的誘惑。美國關機聯盟（TV Turnoff Network）就不斷宣導，把家裡的電視機藏起來，連遙控器都一起收起來。如果害怕或不習慣家裡突然沒有電視機的聲音，不妨打開收音機，利用音樂和有趣的廣播節目當家裡的背景音樂。

3　別在小孩的房間放電視機

美國關機聯盟也提醒家長，別在孩子房間放電視機。許多人家裡都會有一臺以上的電視機，理由是讓家中不同成員各取所需。但如果在孩子房裡也放電視機，只會讓孩子和家中其它成員更疏遠，也會影響他們做功課和睡覺的時間。

4　別把電視當保姆

別因為無暇陪伴孩子，就把孩子丟給電視。相反，可請孩子來分擔一部分家事。

5　大人也要以身作則，關掉電視，花心思創造更多有趣的家庭活動

如果不想讓孩子看電視，家長就要以身作則，鼓勵大家關掉電視，多出去參加藝文活動，或是運動健身，更重要的是，增加與家人互動相處的時間。

一個好的習慣要從小培養，一個好的習慣會讓孩子終身受益。孩子從剛出生到學齡前這段時間，家庭教育是最關鍵的。想想孩子的智力、聽力、視力、肢體運動都在迅速發育，那麼，在這段時間裡千萬不要把孩子交給電視，千萬不要讓你的孩子成為電視兒童！

兒童遊樂場安全常識

鞦韆

關注重點：防止寶貝甩出去或被鞦韆撞到。

鞦韆寶貝都愛玩，但看著寶貝越盪越高，你的心也越懸越高，生怕寶貝一不留神就飛出去了。所以，一定要事先叮嚀寶貝，雙手要始終抓牢鞦韆的繩索，不玩的時候，要等鞦韆完全停住了再下來。

另外，要告訴寶貝，經過鞦韆旁邊時，一定要繞著走，不然會被盪起來的鞦韆撞到。

蹺蹺板

關注重點：注意同時上下。

「木馬木馬兩人騎，一邊高來一邊低。馬兒馬兒別淘氣，我和弟弟笑咪咪！」蹺蹺板就是這樣，需要兩個寶貝配合才能玩得起來，要玩得好了，就能笑咪咪。玩得不好，就該哇哇哭了。所以，你不光要注意到自己的寶貝，還要注意對方的情況，告訴他們，如果不想玩了，先跟大人或對方說，否則一方下來了，另一方沒有準備，很可能被狠狠地撞一下。這還是輕的，離開的那個寶貝如果腳步稍微慢點，很可能被一下子蹺起來的板子拍著。

溜滑梯

關注重點：不從溜滑梯口處往上爬，滑下去後迅速離開溜滑梯口。

如果寶貝們沒有間隔地一個接一個往下滑，人多的話，一下溜滑梯口就開始疊羅漢了。如果寶貝年齡太小，扶他上去後，要趕快到溜滑梯末端等他滑下來，年紀大一點兒的寶貝，則要告訴他，如果前面有小朋友，要等其他小朋友滑下去後再滑，滑完後馬上起身離開，也不要從溜滑梯出口處往上爬。

彈跳床

關注重點：防止寶貝因摔倒而被別的小朋友踩傷。

在彈跳床上盡情跳躍，是許多寶貝都喜歡玩的遊戲，但它卻存在著許多安全隱患。因為跳彈跳床，寶貝有時候落地不穩，會摔在彈跳床上，如果人多的話，會有被小朋友踩到的危險，嚴重的還會造成扭傷、骨折。所以，如果人太多，先別讓寶貝玩。如果玩的孩子中有特別高大、或者特別頑皮不管其他人的，最好先讓寶貝等一下再玩。

碰碰車

關注重點：防止寶貝因碰撞而撞到頭。

一位爸爸帶著四歲的小女兒玩碰碰車，激烈的一撞過後，身邊的小女兒已經從座位上飛出去了，另一位寶貝則在爸爸的英勇碰撞中把嘴給撞流血了。所以，不是家長帶著玩就都安全了，除了給寶貝繫緊安全帶之外，不要做太劇烈的碰撞，尤其是正面碰撞。別光顧自己過癮，還要考慮到寶貝的承受能力。

兒童雲霄飛車

關注重點：別讓寶貝中途站起來或解開安全帶。

雖說比起成人雲霄飛車來，兒童雲霄飛車是小意思，但要知道，對於我們的寶貝而言，它已經夠驚險刺激的了。所以，在讓寶貝坐之前，一定要告訴他，千萬不能中途站起來，也不

能解開安全帶。

別離寶貝太遠

對於年齡小的寶貝，父母要站在能第一時間趕到他身邊的地方。意外的發生常常就在一瞬間，千萬不要存有僥倖心態，以為走開一下沒什麼或是孩子自己可以玩得好好的。

> ☆溫馨提示
>
> 嚴格遵守遊戲活動、遊樂設施的各項規定，不要有僥倖心態，或是認為寶貝可以，就讓他玩不適合他的活動或設施。遊樂設施都是按照身高而非年齡進行限制，是根據安全帶、安全桿的尺寸而嚴格規定的，不要貪圖一時玩樂讓孩子面臨危險。
>
> 給寶貝穿簡單的衣物。雖說人要衣裝，但去遊樂場時，也別給他穿得太複雜，這樣會增加危險。不要給寶貝穿帶帽子的衣服，或者長裙子、大擺裙、紗裙，以免被別的小朋友踩住、拉住而摔倒，或在上下遊樂設施時衣服被勾而摔倒。
>
> 讓寶貝在自己的視線範圍內。人來人往的遊樂場，寶貝萬一走失了，可就讓你著大急了！
>
> 在寶貝身上放一張家長聯絡卡。連絡卡寫上寶貝及家長的姓名、家庭住址、聯絡電話，放在寶貝的衣服口袋裡，萬一和寶貝走散了，可以讓別人幫他找到家長。

第 5 章

警惕校園意外 —— 校園安全篇

下課時間莫瘋玩 —— 下課時間也要注意安全

　　自我保護能力是孩子們快樂健康成長的必備能力。只有學會自我保護，遠離危險，我們的孩子才能擁有幸福，享受美好的生活。為了孩子的健康和安全，家長和老師應該及早教給他們必要的安全常識以及處理突發事件的方法，培養孩子的自我保護能力及良好的應急心態。

　　「安全第一」，這是大家的共識，一切漠視生命的態度和做法都是極端錯誤的，學校教育把安全放在頭等位置也是十分必要的。

【場景小故事】

場景一

　　一個三年級的女生與其他三個同班同學在班導制止後繼續玩「背人踢人」的危險遊戲。不料，一個背人的女生摔倒，被背的同學隨即倒下壓在了先倒地女生的身上，先倒地女生立即發出了慘叫，聽到聲音老師趕到，馬上通知受傷學生的監護人和就近醫院的醫生，監護人隨車到達醫院，經診斷為「右股骨骨折」，後轉入更大的醫院治療。

場景二

　　小學學生小卓，一天下課後來到學校操場上休息，不想一場意外正在等待著她。

當時正值冬天，天氣寒冷，不少學生下課後就到操場上運動，暖和下身體。和同學們一樣來到操場的小卓正看著別的同學玩得開心的時候，突然感覺背部被猛的撞擊了一下，毫無防備的她被用力摔向地面，一陣徹心的疼痛從嘴巴傳來。原來小卓的身後是幾名同學在玩遊戲，由於蹦跳過猛，沒能控制住身體，一下便把毫無防備背身站立的林卓撞倒在地。事後對小卓的傷勢進行了檢查，除兩顆上門牙當時被折斷，相臨兩顆牙也均喪失功能。

【安全知識課堂】

進行安全教育，無疑是在孩子生命中播下了平安的種子。

下課時間是事故頻繁發生的時段，學校、家長和學生應該更加重視和警惕，下課時間發生的事故有一些普遍的特點：下課時間學生剛上完課，十分疲勞，想放鬆，所以打鬧玩耍更是肆無忌憚，地點多在教室走廊，場地狹窄，人群密集，容易發生事故。

在緊張的學習過程中，下課時間能夠放鬆、調節和適當休息，但是應該注意以下幾方面：

1　室外空氣新鮮，下課時間應該盡量在室外，但不要遠離教室，以免耽誤課程。

2　活動的強度要適當，不要做劇烈的活動，以保證繼續上課時不疲勞、精力集中、精神飽滿。

　　遊戲是同學們下課生活中的重要內容，但是青少年們切莫在遊戲中忘記安全觀念：

1　要注意選擇安全的場所。遠離電線桿等電源，要在寬廣的場地玩耍。上下課通過走廊和樓梯間時，不要擁擠、打鬧和做恐嚇同學的惡作劇，防止擁擠踩踏事故發生。

2　要選擇安全的遊戲來做。不要做危險性高的遊戲，下課時間不要玩小刀、玩具槍等會傷及自己和他人的利物或玩具，更不能把危險物品帶入校內。下課時間運動不要太劇烈，不要追逐打鬧，避免撞傷或摔傷，要充分休息放鬆，保持課堂精力旺盛。

3　遊戲時要選擇合適的時間。遊戲的時間不能太久。這樣容易過度疲勞，發生事故的可能性就會大大增加。最好不要在夜晚遊戲，天黑視線不好，人的反應能力也降低了。容易發生危險。

4　正確使用體育設施，沒有保護措施的情況下不要在健身器材溜滑梯等設施上做危險動作，避免摔傷。趕上課不要慌張、擁擠，防止地滑摔傷和發生推擠踩踏事故。

5　下課時間同學之間發生糾紛，要及時報告班導或任課教師，把矛盾化解在萌芽中，防止矛盾激化發生打架鬥毆事件，造成不良後果。

遇到恐嚇勒索 —— 謹防孩子被勒索霸凌

　　小學生接觸社會太少，想法不成熟。如果沒有提前針對相

關事件做教育，遇到恐嚇勒索這樣的事，孩子們自然不知道如何面對。

很多學生遇到勒索，首先會覺得是自己做錯了事情，比如走路不小心碰了人家一下等等。他們怕事情鬧大會被欺負，所以不敢爭執，也不敢告訴家長和老師，而是選擇順從。殊不知這樣反而助長了「小霸王」們囂張的氣焰，勒索事件從此頻繁發生。

面對當前學校頻頻出現的勒索現象，學校有時會力不從心。即使把那些「作惡多端」的學生開除，他們也會在學校周圍遊蕩，欺負往日的同學甚至變本加厲。老師往往不會主動提到勒索問題，擔心那樣會助長不好的風氣。所以父母在預防孩子遭受勒索方面責任甚大。

【場景小故事】

場景一

警方報告一起國中生敲詐錢財案。根據民眾報警，警方將某學校涉嫌犯案的徐某國中生逮捕。然而，令檢警吃驚的是，徐某只是其中的一條「小魚」，其背後還有一個「敲詐集團」。

徐某自去年開學以來，長期受到他人勒索錢財，於是在學期末，徐便拜了比自己大兩屆的秦某、吳某為老大。而秦某自從有了這個小弟後，便長期向徐某索要錢財。但徐某自己沒有錢，於是他便將手伸向了同班的同學馮某，在經過對馮某幾番

拳打腳踢後，徐某在馮某那裡要到了些財物，而這些東西全部被秦某和其好友吳某獲得。

正當徐某等再次向馮某敲詐時，被聞訊趕來的警方逮個正著。秦某、吳某的行為嚴重影響了學校的正常秩序，二人最終被轉往少年感化院。

場景二

有個十三歲的國中生小李，平日心地善良，樂於助人，在第一次遭到三名高年級男生的攔路勒索時，他交出了身上的所有錢，並向毆打他的人求饒，又答應以後每天給他們五十塊錢。此後他多次遭劫都不敢告訴父母和老師。直到最後一天，他還打開家中防盜門，讓勒索者入室看電影，拿好吃的東西給他們「抵錢」。最後又乖乖地和兇手一起坐計程車去了郊外，最後被幾個殘忍的孩子狠心殺害了。

【安全知識課堂】

鮮活的生命悄然離去，讓我們痛心疾首，當孩子遭遇勒索的時候我們該怎麼辦？當孩子頻繁的要錢，當孩子眼神中經常流露出無奈和悲傷，當孩子面對你欲言又止，那麼家長不妨坐下來和孩子面對面的溝通，了解孩子到底發生了什麼事情。不管他面對的是學校裡面的壞學生還是社會上的小流氓、小混混，既不能滋長對方的囂張氣焰不斷滿足對方貪得無厭的要求，又不能給對方可以毆打、威脅孩子的機會。如何解決這個

問題呢？

　　對學生進行敲詐勒索的犯罪案件，近年來有增加的趨勢。令人吃驚的是，某些在學青少年竟然就是共犯之一。曾發生了一起綁架小學生勒索錢財致死的駭人案件。作案者竟然是個棄學離家出走、年僅十六歲的少年。

　　如果孩子們碰上有人向自己勒索「保護費」，或者以各種藉口要你「賠償」時，應採取以下措施：

1　不要輕易答應對方的要求

　　如果有人向你敲詐勒索財物，你暫時又無法脫身時，不要輕易答應對方的要求，可以藉口身上沒錢，約定時間地點再「交」，然後立即報告學校和警察機關。要相信警方、學校和家庭都能為你提供安全的保護，只有在這樣的情況下，壞人才不敢威脅侵害你。如果屈服於對方，使敲詐者輕易得手，他們會永遠盯上你這隻「肥羊」。某校一名學生遭到外校生勒索後，不敢聲張，拿了奶奶給自己的五千塊壓歲錢乖乖地交上去，結果到警方破案時，他已經被敲詐走了近兩萬元！

2　要沉著冷靜、隨機應變

　　如果是遭遇陌生人敲詐時要沉著冷靜，並想方設法與歹徒周旋和拖延時間，使自己能夠看清楚對方的相貌特徵和周圍的環境情況，掌握資訊，然後從容不迫地尋找脫離險境的有利時機。如果附近有人，可以邊大聲呼救，邊向人多的地方跑，此

時正常來說歹徒會聞聲而逃。

　　如果四周無人，呼喊或逃跑都無濟於事，這時要先答應其要求或交出部分財物，再及時向學校老師或司法機關報案。

3　要注意保護自身安全

　　需要提醒的是：(1) 在未脫離險境的情況下，切不可當著歹徒的面聲稱要報警，以免受到更糟糕的對待；(2) 未成年人在遇到搶劫時，如果沒有十分的把握，通常不提倡採取正當防衛措施。因為歹徒在搶劫前，通常都會充分的準備，並且持有兇器。對於被搶劫者來說，從物質到精神上都毫無準備，再加上未成年人勢單力薄，處境極度不利。所以從自身安全角度考慮，千萬不要魯莽行事，而要沉著冷靜，隨機應變，尋找機會脫離險境。盡量避免或減少不必要的傷亡。

4　要及時報案

　　遭到敲詐勒索以後，要立即向學校、警察機關報告，你越怕事，越不敢聲張，不法之徒就越囂張。及時報案，會使不法分子受到應有的懲處，會制止不法分子對你的侵害，能及時地、最大限度地挽回你已經受到經濟損失。

體育課上要避免受傷 ── 注意體育課上的安全

　　喜玩耍，愛好遊戲是人固有的天性，無憂無慮的孩子更是視遊戲玩耍為重中之重。所以學生普遍對體育遊戲感興趣，熱情極高。大多數孩子在體育遊戲課上能夠做到注意力集中，愉快的、積極主動的完成一些運動量比較大，且技術、動作較為複雜的練習，孩子在課堂上的心情也較為愉悅！

　　體育類遊戲與其它活動相比，更能夠吸引孩子，它動作豐富多樣，有助於訓練注意力、靈敏、機智、速度、力量、耐力等特質。團體體育遊戲則有助於培養團結友善的精神，大大幫助孩子健康成長。

　　教育的過程中都少不了安全，安全是一個很重要的問題。尤其是一些頑皮的孩子，經常互相打鬧，一個不小心就很容易受傷，所以加強對他們的安全教育很是必要的。學校向來重視學生的安全問題，一個學生在學生發生意外，會對學校造成多方面的影響，首先是經濟上，學生發生意外，學校會承擔一部分的醫療費用。其次，學生在學校發生意外，學校多少也有點責任，甚至有些不講道理的家長會對學校索要更多的賠款，對學校的聲譽造成不良影響。所以老師一定要將體育課上的安全守則清楚又仔細的告訴孩子，讓孩子心裡有數，不要做出逾越界限的行為。

【場景小故事】

　　早晨爸爸看到文軒高興的樣子，就忍不住問他到底因為什麼那麼高興。文軒開心地告訴爸爸，今天下午有一節體育課，又可以和朋友們一起玩遊戲了。爸爸知道以後，叮囑文軒在體育課上一定要注意安全，玩遊戲可以，但是千萬不要忽略安全。不然很容易就會受傷！看見文軒懂事的點了點頭，爸爸也就放心了！吃過早飯，就送文軒去學校了。

　　誰知道，下午正在上班的爸爸卻接到學校的電話，說文軒在體育課上受傷，聽到這，文軒的爸爸著急的不得了，急忙放下手中的工作，往學校趕去。

　　原來，體育課快下課的時候，老師讓學生把一些上課用的器材搬回器材室，結果幾個孩子開始打鬧起來，其中一個孩子不小心用足球龍門架模型戳傷了文軒的左眼角下方，幸好沒有直接傷及到眼睛，不然後果可不堪設想！

【安全知識課堂】

　　體育課在中小學階段是鍛鍊身體、增強體能的重要課程。體育課上的訓練內容是多元的，因此安全上要注意的事項也因訓練的內容、使用的器械不同而有所區別。

　　1　在進行單、雙槓和跳高訓練時，器械下面必須準備好厚度符合要求的墊子，如果直接跳到堅硬的地面上，會傷及腿部關節或後腦。做單、雙槓動作時，要使雙手握槓時不打

滑，避免從槓上摔下來，使身體受傷。

2　在做跳馬、跳箱等跨越訓練時，器械前要有跳板，器械後要有保護墊，同時要有老師和同學在器械旁站立保護。

3　前後滾翻、伏地挺身、仰臥起坐等墊上運動，做動作時要嚴肅認真，不能打鬧，以免扭傷拉傷。

4　參加籃球、足球等項目的訓練時，要學會保護自己，也不要在爭搶中傷及他人。在這些激烈運動中，自覺遵守競賽規則對於安全是很重要的。

5　短跑等項目要按照規定的跑道進行，不能跨越跑道。這不僅僅是競賽的要求，也是安全的保障。特別是快到終點衝刺時，更要遵守規則，因為這時人身體的衝力很大，精力又集中在競技之中，思考上毫無戒備，一旦絆倒，就可能嚴重受傷。

6　跳遠時，必須嚴格按老師的指導助跑、起跳。起跳前，前腳要踏中木製的起跳板，起跳後要落入沙坑之中。這不僅是跳遠訓練的技術要領，也是保護身體安全的必要措施。

7　在進行投擲訓練時，如投鉛球、鐵餅、標槍等，一定要按老師的口令進行，令行禁止，不能有絲毫的馬虎。這些體育器材有的堅硬沉重，有的前端裝有尖利的金屬頭，如果擅自行事，就有可能擊中他人或者自己被擊中，造成受傷，甚至發生生命危險。

　　為了能夠更好的保障學生的上課安全，老師要在體育課前多做一些檢查：

1　課前認真檢查體育設施是否安裝牢固；檢查學生服裝，著裝不符合規範的，應該要求其更換，或者安排其他運動，以免學生受傷；

2　體育教師要必須合理劃分運動場地和設置警示標誌，並根據具體情況規定運動秩序和規則；

3　體育老師應該清楚所帶班級、所上課程、課程安排以及所帶學生的身體狀況等，以提高上課效率，對特殊情況的學生，要加強關心，注意其身體狀況

4　上課前，體育老師應該認真備課，並將所需場地器材提前告知場地器材管理員。

孩子有了壞朋友 —— 讓孩子謹慎交友

現在的家庭很多只生一個，想借鑒教育孩子的經驗也都沒有什麼好的途徑。也沒有過程可以重複，儘管教育孩子的方法不盡相同，但是家長都希望只看到一個結果，那就是成功。所以，很多家長都會擔憂、焦慮甚至手足無措，生怕教不好孩子，不能給他一個成功的人生。

如果孩子成績開始下降，而且經常無故缺、曠課，跟一些朋友三五成群地在外面閒逛，夜不歸家，抽菸、酗酒、打架，甚至偷東西，許多家長的心裡都會有這樣的想法：孩子交上壞朋友了。

每個家長都希望自己的孩子交到優秀的朋友，但是往往事

與願違，自己的孩子經常和一些成績不好、習慣糟糕的孩子交往。家長怕孩子和這些朋友交往，學會很多壞的東西，於是家長試圖用各種方式阻止孩子與這些壞朋友來往。如：搬家，給孩子轉學等，可是沒過多久，孩子在新的地方又結識了很多新的壞朋友。家長此時往往是心急如焚，不知如何是好。

【場景小故事】

場景一

小華今年十四歲了，以前一直很懂事、很乖，很聽父母的話，而且成績也不錯。可如今，他居然有了抗拒學習的情緒，甚至還不想上學了。原來，自上學期小華與社會上一些「小混混」一起玩耍後成績就下降了，而且開始逃學。小華的父母很擔心，他們不想讓兒子接觸那些人，但是兒子對此非常排斥。說重了，怕孩子有叛逆心理，做出什麼偏激的事來；但說輕了也不行，根本不能發揮任何作用。小華的父母對此感到很煩惱，他們陷入了一種既想保護兒子又想讓他自己作決定的兩難處境。

場景二

無獨有偶，剛上國二的王省突然變了性格，現在買衣服動不動就要買名牌，要不然就不穿，還說父母的觀念很老土。一次，王省的父母發現兒子竟然開始抽起菸來，還經常蹺課。經過一番調查，王省的父母找到了原因：這是兒子與學校裡的

一群壞學生交往所造成的。無奈之下，王省的父母把兒子轉到了一所保守嚴格的學校。上週末，當王省的媽媽到學校接兒子時，卻從老師口中得知，兒子上週早已請假回家了。直到第二天下午，王省才回家。之前王省曾經整整出走了五天。現在，王省的父母擔心兒子會隨時離家出走，打也不是，不打也不是，實在傷透了腦筋。

【安全知識課堂】

孩子到底交什麼樣的朋友不是家長所能左右的，這也是讓不少家長頭痛的事情。小學高年級以及國中的孩子自我意識迅速發展，學習、生活方式和人際關係上會表現出一定的獨立性。他們覺得自己是「大人」了，也希望家長和老師把他們當成「大人」，因此對說教式教育很厭煩，他們表現出嚮往「自由」，要求脫離大人的管束，這也是這個年齡的孩子特別叛逆的原因之一。但是孩子畢竟缺乏社會經驗，看過的人，碰過的事都還很少，眼界也不夠，擇友自然也不會考慮那麼多。

家長首先要理解，這個年齡層的孩子是喜歡交朋友的，並能夠支持孩子與朋友之間的正常社交，不要以學業為理由剝奪他們玩樂的權利。另一方面要給孩子正確的是非觀念和道德判斷能力，不能讓他們單從興趣出發去交朋友。有一些方法家長或許可以試一試。

1　要把自己當成孩子的朋友

首先，要摸清楚他的朋友圈的具體情況，不要道聽塗說，親自參與他們的一些活動，比如請他的朋友來家裡做客，了解孩子朋友們的品行。如果只是淘氣一點、不愛唸書，並沒有道德上的問題，家長不要一棍子打死，充滿成見。如果父母掌握了孩子朋友惡劣行為的證據，那可以從孩子的角度分析，告訴他不贊成交這樣朋友的原因，講清危害以及可能導致的後果，讓孩子好好想一想。

其次，把自己當成孩子的朋友，作為他們中的一員，本著理解、信任和尊重的態度，多與孩子感情溝通，了解他的願望和苦惱，不要整天糾纏在孩子的小錯誤中，使之情緒對立，不要把成人化的要求強加於孩子，使他無所適從。

另外，要給孩子一個民主寬鬆的環境，家長可以多和老師、學校聯繫，盡力幫孩子實現表現自己的願望，改善孩子在團體中的地位，幫助他贏得「重視」和「尊重」，孩子自然會疏遠壞朋友。培養廣泛的興趣以及多做運動也有利於孩子身心的健康發展，家長不妨多陪孩子玩玩，讓他感受到家庭的溫暖和父母的重視。

2　提早教給孩子正確選擇朋友的方法

家長往往要等到發現孩子結交了「壞」朋友，等到他變得神神祕祕的時候，才開始手忙腳亂如臨大敵般地制止。如果能

防患於未然，一切就會簡單得多。應提早教給孩子怎樣和朋友相處，討論他的需求和困惑，不要等到危險訊號出現了才倉促「應戰」。

3 不要給孩子施加交往壓力

在孩子的交際圈裡，家長不必急於讓孩子獲得廣泛認同，即使你感覺到他是多麼孤獨。同時，把自己的家營造成一個快樂的場所，而不只是一個休息的地方。當孩子遭遇到成長中的黑暗時刻，就會想到這個安全溫暖的地方。

4 如何和孩子交流交友問題

當家長發現孩子交友出現問題時，家長應該好好找孩子談談，而不要只是簡單粗暴地命令孩子和朋友斷絕來往。青少年面對這種情況時通常會說，父母是小題大做，神經過敏。但是，如果你給他們足夠的時間冷靜下來，並把你的意思充分表達清楚，他們最終是會做出正確判斷的。

5 別用打罵方式逼孩子「絕交」

這時可以找個「第三者」做說服的工作，但這個「第三者」一定是家長和孩子都信任的人。家長找的這個做說服工作的「第三者」，一定要更強勢，能夠「震住」孩子，讓孩子感受到輕鬆和被保護，願意聽「第三者」的話。

「世間最美好的東西，莫過於有幾個頭腦和心地都很正直的

朋友。」作為一個社會人，沒有朋友的人生注定是孤寂和痛苦的。所以說：「得不到友誼的人將是終生可憐的孤獨者，沒有友情的社會則只是一片繁華的沙漠。」

由此看來，朋友是孩子健康快樂生活中不可或缺的要素，少了朋友，孩子的天空就像是缺少雲朵一樣，精彩不起來。在孩子交朋友的這個問題上，只要家長能夠做好孩子的「軍師」，那孩子的交友問題就不會出現什麼不好的狀況。

小心校園霸凌 —— 告訴孩子如何應對校園霸凌

讓孩子們學會勇敢，教會他們如何在暴力來臨時大膽沉著地面對應該是解決這一問題的良好途徑。如果孩子性格內向、老實膽小，習慣逆來順受，不哼不吭的，自我保護意識薄弱，那他們極易成為放肆蠻橫的學生或者小混混們的目標，而事後忍氣吞聲、不敢告訴任何人又使得暴力者更加猖獗囂張，以致陷入惡性循環。

到底什麼是校園霸凌？通常我們都是藉由媒體描述報導的具體事件來理解較為直白。主要是指發生在學生當中的攔路勒索、敲詐、搶劫、毆打、欺辱等行為，通常伴隨著暴力威脅的方式。

有專家認為校園霸凌可分為廣義和狹義兩類。廣義的校園霸凌是發生在校園內的，由教師、同學或者校外人員針對受害

人身體和精神所實施的、達到一定嚴重程度的侵害行為。狹義的校園霸凌是指發生在校園或主要發生在校園中，由同學或校外人員針對學生身體和精神所實施的造成某種傷害的侵害行為。

　　校園是孩子們的樂園，是孩子成長的地方，也是孩子的第二個家。孩子是否能成為棟梁之材，學校的作用甚鉅。同時，學校也是孩子們建立人際關係的「社會環境」。校園可謂是一片淨土，但近幾年校園中經常發生暴力事件。

【場景小故事】

　　十月底的一天，國三的一名男生小林看不慣國一男生阿燦染黃髮，認為這名同學樣子太壞了，而且過於招搖，根本沒有把高年級的學長放在眼裡，小林是越想越覺得氣不過，就想教訓一下阿燦。可是這件事情的確和人家阿燦沒有關係呀！加之學校也沒有對阿燦的黃頭髮進行干涉，沒想到卻讓小林看著不舒服了！沒多久，小林召集社會青年阿真和另兩名青年對阿燦一頓拳打腳踢，致其輕傷。而這名國三男生和那些社會青年也都吃上各自的法律責任。

【安全知識課堂】

　　作為家長都不希望自己的孩子在學校受欺負，如果懷疑孩子受到了欺負，首先要弄清事實真相：你的孩子是受欺負者嗎？因為有時孩子之間的打鬧很多都是出於孩子之間的社交嘗

試，遊戲，或者善意的追逐，並不會牽扯到道德領域的是非。兒童發展心理學家發現，在兒童社會交往，也就是玩耍的過程當中，無論哪個國家，哪種文化，攻擊行為都在所難免。事實上，能夠顯示一些攻擊性或許是兒童社交發展的必經之路。不幸的是，當孩子們確實受到暴力欺凌行為的身體或精神傷害時，又往往不願意主動地向家長透露這個情況。這些孩子或許認同了別人給他起的難聽的綽號，或許認為他們應該自己來處理這件事情。此外，如果孩子們擔心父母得知事實後，可能會有過激的反應；或者不想再給父母增加負擔，他們往往就會保持緘默。

校園霸凌是一場給當事人肉體和心靈帶來巨大創傷的悲劇。可以想像，對於正值豆蔻年華的孩子來說，一經遭遇校園霸凌將會成為伴隨孩子一生揮之不去的陰影。而頻頻上演的校園欺凌事件已經說明了「校園霸凌」不再是局部的、個別的現象，而是孩子們隨時隨地可能遇到的不幸。於是，如何制止校園霸凌，保護孩子的健康與安全，成為十分棘手的問題。

可是，事情已經存在了，家長以及老師不能不對孩子進行提醒，否則孩子遇上校園霸凌還是會受到傷害，那麼，告訴孩子面對校園霸凌到底該怎麼做呢？

第一，在威脅與暴力來臨之際，首先告訴自己不要害怕。要相信邪不勝正，終歸大多數的同學與老師，以及社會上一切

正義的力量都是自己的堅強後盾，會堅定地站在自己的一方，千萬不要輕易向惡勢力低頭。一旦內心篤定，就會散發出一種強大的威懾力，讓壞人不敢貿然攻擊。

　　第二，大聲地提醒對方，他們的所作所為是違法違紀的行為，會受到法律嚴厲的制裁，會為此付出應有的代價。同時迅速找到電話準備報警，或者大聲呼喊求救。

　　第三，如果受到傷害，一定要及時向老師、員警申訴報案。不要讓不法分子留下「這個小孩好欺負」的印象，如果一味縱容他們，最終只會導致自己頻頻受害，陷入可怕的夢魘之中。

　　下面還有一些切實好用的小方法可以幫助孩子：

1　告訴孩子遇到校園霸凌，一定要沉著冷靜，盡可能拖延時間。必要時，向路人呼救求助，採用異常動作引起周圍人注意。

2　人身安全永遠是第一位的，不要去激怒對方。順從對方的話去說，從其言語中找出可插入話題，緩解氣氛，分散對方注意力，同時獲取信任，為自己爭取時間。

3　教育孩子上下學盡可能結伴而行。給孩子的穿戴用品盡量低調，不要過於招搖。

4　在學校不主動與同學發生衝突，一旦發生馬上找老師解決。上下學、獨自出去找同學玩時，不要走僻靜、人少的地方，要走大路。不要天黑再回家，放學不要在路上貪玩，準時回家。

5　學校定期開辦心理、道德課程；適當辦理同學間的合作活動，加強團隊互助意識。

我們應該在幫助孩子建立對法制和公義的信心的同時，注意培養他們自身擺脫困境、戰勝暴力與威脅的智慧和能力。畢竟，如果從最根本的地方看，學校和家長都不可能教孩子一輩子，以後的路還得由他們自己到社會上去摸索著走。一句話，學會勇敢，會讓孩子們一生受益。

性無知很危險 —— 教孩子正確理解性

孩子會由好奇心的驅使常常問父母一些有關性的問題，比如「我是從哪裡來？」「為什麼哥哥有小雞雞，我沒有？」等等。對此，父母不應含糊其辭、遮遮掩掩，編造謊言哄騙孩子，更不可對其訓斥、責罵。

這種錯誤的教育方法只能使孩子對性更感神祕，既不能解決孩子的疑問，還可能為孩子形成不正確的性心理製造了機會。因此，父母既不要把孩子提出的性問題看作是神祕莫測的事情，又不要把它看作是微不足道的事情。要坦然回答性問題並注意不要使其養成把性看作下流、可恥、禁忌、不道德等錯誤觀念。

孩子如果問「我是從哪裡來的？」這時父母無須掩飾，可以直接回答孩子：「是從媽媽那裡來的。」這樣孩子暫時就沒有什

麼疑問了。但不久後孩子可能又想知道孩子到底是從媽媽的身體的什麼部位生出來的，答案很簡單，你只需告訴孩子：「從媽媽的心臟下面生出來的。」但後來孩子又想知道孩子到底是怎麼會到那裡的，你可以回答：「是用爸爸完成的。」最終你面臨著你最害怕的問題：「嬰兒怎麼會因為爸爸進入到媽媽身體裡呢？」但是他所期待的答案可能要比你想像的簡單得多。在這個年齡孩子不想知道細節性的問題；對孩子詳細解釋性的問題為時過早而且是錯誤的。只要你認真地告訴孩子：「當爸爸和媽媽相互產生愛時。」孩子對這樣的答案就感到很滿意。

　　當然，每個父母的回答不盡相同，但都要盡量輕鬆、自然、坦白地回答孩子提出的「性問題。」

【場景小故事】

場景一

　　豆豆曾問過媽媽好多關於性的問題：「媽媽，我是從哪裡來的？為什麼我在你的肚子裡可以不吃東西？為什麼爸爸有鬍鬚媽媽沒有？為什麼我吃媽媽的奶爸爸沒有奶？我也是女孩我會不會生寶寶……」

　　對於豆豆的提問，豆豆媽總是平靜地告訴她，每個寶寶都是從媽媽的身體裡面出來的，媽媽的身體裡有個特別的地方是專門給寶寶住的，叫子宮，而爸爸的肚子裡沒有這個子宮，只有媽媽才可以生寶寶，豆豆是女孩子也像媽媽一樣肚子裡也

有子宮，只是還很小很小，要等長大了才能生寶寶等。總之，豆豆每問一次媽媽就回答一次，盡量不讓她對性有太大的困惑和神祕感，其實孩子對她想知道的問題弄明白了就不再問了。隨著孩子年齡的長大，提的問題越來越深奧，有時甚至古靈精怪的，能夠回答的豆豆媽都盡量回答，講不清楚的就告訴她，這些問題媽媽也不清楚，等媽媽弄懂了再告訴你好嗎？或者說這些問題等你長大了你就會知道，上學了老師也會教給你這些知識。

場景二

某醫院婦產科住進了一位已懷孕數月的十四歲女孩，據她自己說，此胎是她與十二歲的弟弟所為。當其母得知女兒懷孕是與其親弟弟同房的結果時，頓時昏了過去。當其小兒子被問及為什麼要這樣做時，他說是因為看到電視中一些青年男女赤身裸體、同床共枕的鏡頭，又似懂非懂地聽到人們議論過有關男女性愛的事，才出於好奇和姐姐在一起「玩」的。

不知道這位父母是否已意識到自己的教育失誤了。不正視性教育，不正視青春期欲望的躁動，不正視人正常的性心理、性渴望，只想遮遮掩掩、諱莫如深，或者動輒就指責錯誤，只會引起孩子的困惑，造成孩子不正確的想法。

【安全知識課堂】

幼兒時兩小無猜，對性別角色的意識不是很強烈。小學生

處於兩性疏遠期，國中生則會羞羞答答地走入了異性疏遠期。不管父母是否去教育，孩子都會有兩性之間角色的不同感受。

父母對孩子進行性教育的一個重要內容是使孩子形成正確的對自己性別的認識。要準確地不加掩飾地告訴孩子男女之間的區別，使其理解男女在生活中扮演著不同角色。

孩子要正確地認識自己的性別角色，同時，要鼓勵孩子進行正確的男女交往，相互尊重、平等、友好相處，這樣，有助於孩子破除性的神祕感，使其更易於接受以後需要進一步了解的系統的性知識。

處於青春期的孩子大多樂意和異性接觸、交往，這是孩子們美好情感的流露。父母們應尊重這種荷塘月色般的心境，不要輕易闖進去驚動他們。切勿用惡言惡語玷汙少男少女的情感領域。人的青春期如同一株生長中的植物，它們現階段的任務是把根深入土壤吸足水分營養，把枝葉舒展承受雨露陽光，等到了夏天，根深葉茂了，再綻放花蕾。

父母要鼓勵青春期的孩子進行群體、公開式的異性交往。一對一形式出現，說明異性交往可能出現了排他傾向，出現了感情專注，這是父母擔心的，是中學生應該避免的；隱祕形式的出現，說明異性接觸可能有了不願分開的傾向。

華人父母對於「性」向來傳統而封鎖，不知道怎樣跟孩子講明白，甚至避而不談，但是，關於性的東西卻無處不在，跟著

孩子的身體發育，對這方面的知識需求得不到知足，於是轉而尋求其它不正確的方式滿足這種好奇心，從而思維上對「性」的觀念會產生扭曲甚至走上旁門，也就是說，我們沒有提供應孩子準確理解性觀念的途徑，而性的影響卻無處不在，所以父母正確的做法就是根據孩子不同年齡段的特點，向他們講述性的知識，打消他們頭腦中的一些奇怪的念頭，如此一來，孩子才會健康成長！

為什麼要自殺 —— 讓孩子遠離自殺

在千姿百態的社會環境的影響下，如今的孩子已經不像爸爸媽媽當年那樣，只要父母為我們吃飽穿暖，讓我們背上書包走進校園，便覺得是一種幸福了。吃穿這種最基本的生存需要他們不再缺少，他們缺少的是接受外界刺激的能力。

面對社會百態的心理，父母是孩子最好的老師，這種能力、這種想法、這種心態不是哪一個孩子與生俱來的，而是在孩子的成長過程中不斷地引導、疏通潛移默化的。如果做父母的依舊像過去那樣，只為孩子提供豐厚的物質基礎，而不去關注孩子的成長點滴，不去滿足孩子的心理需求，不去關心孩子的心理發展，勢必會造成孩子的心理障礙而走上歧路。

青少年自殺的比例正在不斷上升，成為一種心理社會問題。這是家庭、社會都不願接受的現實，但是父母應該勇敢地

去面對生活，了解有關孩子自殺的因素，以及如何去遠離這些困擾。

【場景小故事】

場景一

小學三年級學生徐健，成績一直保持全班第一，年年被評為「優良學生」。但是，在一次期中考試時，僅僅因為數學成績考了九十分，名次降為班上的第五名就自殺身亡。據老師說，他的國語成績是九十八分，仍是班上最高的。

徐健的自殺確實很令人遺憾，一個聰明的孩子就因為一次「失敗」而身亡。想必他的父母更是悲傷不已。父母理應激勵孩子不斷進取和努力，同時，要培養孩子的韌性及其正確的價值觀。有的父母對孩子就是「唯分論」，以分數高低作為評價孩子的唯一的標準。

場景二

丹丹念小學時成績名列前茅，但升入國中後，因為不適應新的學習方式，丹丹的學習成績直線下滑。對她抱有極高期望的媽媽看在眼裡，急在心頭。她不知道女兒身上發生了什麼事，也不想知道，她只要丹丹把成績補上去。

指責、加壓、激將……各種「折磨人」的方法丹丹都嘗遍了，可就是不見起色。自尊心很強的丹丹又羞又恨，感到在同

學面前抬不起頭來，更無法面對母親，漸漸出現了上學恐懼症：一看到校門就雙腿發軟、噁心頭暈，對唸書產生了極大的厭惡感。「我知道自己不對，但我真的無法克服這種恐懼！太痛苦了！」丹丹在日記裡這樣寫。終於有一天，丹丹一次吞下了五十多粒安眠藥，被送往醫院急救。發生了這件事後，丹丹的母親沒有和女兒溝通，只是把家中的安眠藥藏了起來，但她沒想到，被搶救過來的丹丹又將刀片伸向自己的手腕……

丹丹在遇到學習壓力時，不僅得不到幫助，還必須要面對母親功利的逼迫，如此一來，孤獨無助的丹丹才選擇了絕路。

父母自身先要有健康、樂觀的心態，並以此來潛移默化影響自己的孩子。另外，父母對於孩子的強烈情緒惡化，要密切關注，多與孩子交流。細心的父母不難洞察出孩子的心靈。

【安全知識課堂】

九成試圖自殺的青少年會發出或明或暗的危險訊號。如果父母已感覺出這種「訊號」，不妨與孩子聊聊學測指考的孩子落榜而自殺的事情。雖然這個話題可能會讓敏感的孩子有些沮喪，但這是「對症下藥」之策。父母可以直接深入孩子的心靈深處去拯救孩子。

如果孩子說出活得沒意思之類的話語，覺得自己生不如死。父母切勿掉以輕心，以為孩子只是說說而已，其實這是求救的訊號，他在生與死的線上進行掙扎。當父母意識到事情較

為嚴重時，可以求助於老師、同學，或者是請心理專家等人幫助孩子擺脫困境。

每個孩子都在家庭裡成長著，父母都很愛子女，但孩子未必就擁有幸福的家庭。與日俱增的離婚率，對於尚未成熟的孩子來說是強烈的傷害。

經調查，一半以上的被調查對象認為家庭問題是誘發年輕人自殺的重要原因。家庭問題包括長期的憂慮、壓力。家庭內部使用毒品和酒精，離婚和法律問題 ── 都會造成兒童的自尊問題。

未成年的孩子，離不開家庭的呵護和關愛。但是，父母經常吵架鬧離婚，孩子又如何能夠平靜的生活！有的父母離異了，孩子難以接受「新環境」，容易產生厭家情緒，甚至會因苦悶、憂鬱導致自殺。

父母是孩子的監護人，也是父母最為直接和密切的師長。所以父母自身應具備健全的人格，良好的心理和個性品格，才能為孩子帶來正常家庭的幸福和溫暖。

如何預防孩子產生可怕的自殺念頭？如何在孩子有自殺傾向時及時制止？

首先要理解孩子。比如早戀，青春期誰沒有情動的時候，家長發現後不宜嚴厲制止，而應該以商量的態度和孩子溝通如何正確看待青春期交友的問題。如果一上來就劈頭蓋臉一頓臭

罵，孩子馬上就會產生抗拒心理，絕不願意把心裡話告訴你了。

其次，培養孩子的交際能力和解決問題的能力。解決問題的能力即指獨立克服困難的能力，也包括求助的能力，因為很多自殺的孩子是因為無助又不知道找誰求助，最後在絕望中離開人世的。

最後，家長要重視並學會識別孩子情緒的波動和情緒障礙。很多家長對孩子的身體毛病非常重視，寧願請假也要陪孩子去看發燒，但對於情緒上的問題卻一拖再拖。

做父母的應該讓孩子知道：每個人的生命都是獨一無二的，需要珍重再珍重！

校園安全常識

校內臨危逃生的基本原則

1　保持鎮靜，趨利避害。

2　學會自救、保護自己。

3　想方設法，不斷求救。

4　記住三個電話號碼：「119」消防電話、「110」報警電話、「120」急救電話，打電話要說清地點、相關情況、顯著的特徵。

校園內集體活動安全知識

1　升旗、做操等大型活動或集會時，上下樓梯要靠右行，不得擁擠、不得推拉。遇見樓梯上有人摔倒的時候，要靜候

原地不動，不得推擠、觀望。要勸阻制止後面的同學繼續
往前擁擠。

2　自覺遵守公共場所秩序，下課時間做正當遊戲。嚴禁追、
趕、打、鬧和攀高走險。

3　每天放學後全體同學必須在指定地點統一站隊回家。路隊
行進時掉了東西、或散了鞋帶要迅速出隊等路隊過去後在
撿東西或綁鞋帶。

校園內其他活動安全知識

（一）下課時間應該注意什麼？

在每天緊張的學習過程中，下課時間能夠產生放鬆、調節
和適當休息的作用。下課時間應該注意以下幾方面：

1　室外空氣新鮮，下課時間應該盡量在室外，但不要遠離教
室，以免耽誤下面的課程。

2　活動的強度要適當，不要做劇烈的活動，以保證繼續上課
時不疲勞、精力集中、精神飽滿。

3　活動的方式要簡便易行，如做做操等。

4　活動要注意安全，要避免發生扭傷、碰傷等危險。

（二）遊戲時如何保證安全？

遊戲是同學們生活中的重要內容，在遊戲中也要建立安
全觀念：

1　要注意選擇安全的場所。要遠離馬路、鐵路、建築工地、
工廠的生產區；不要進入枯井、地窖，防空設施；要避

開變壓器、高壓電線；不要攀爬水塔、電桿、屋頂、高牆；不要靠近深湖（潭、河、坑）、水井、糞坑、沼氣池等。這些地方非常容易發生危險，稍有不慎，就會造成傷亡事故。

2　要選擇安全的遊戲來做。不要做危險性強的遊戲，不要模仿電影、電視中的危險鏡頭，例如扒乘車輛、攀爬高的建築物、用刀棍等互相打鬥、用磚石等互相投擲、點燃樹枝廢紙等。這樣做的危險性很大，容易造成預料不到的惡果。

3　遊戲時要選擇合適的時間。遊戲的時間不能太久。這樣容易過度疲勞，發生事故的可能性就會大大增加。最好不要在夜晚遊戲，天黑視線不好，人的反應能力也降低了。容易發生危險。

（三）上體育課應注意哪些安全事項？

體育課在中小學階段是鍛鍊身體、增強體質的重要課程。體育課上的訓練內容是多元的，因此安全上要注意的事項也因訓練的內容、使用的器械不同而有所區別。

1　短跑等項目要按照規定的跑道進行，不能串跑道。這不僅僅是競賽的要求，也是安全的保障。特別是快到終點衝刺時，更要遵守規則，因為這時人身體的衝力很大，精力又集中在競技之中，思想上毫無戒備，一旦相互絆倒，就可能嚴重受傷。

2　跳遠時，必須嚴格按老師的指導助跑、起跳。起跳前前腳

要踏中木製的起跳板，起跳後要落入沙坑之中。這不僅是跳遠訓練的技術要領，也是保護身體安全的必要措施。

3　在進行投擲訓練時，如投鉛球、鐵餅、標槍等，一定要按老師的口令進行，令行禁止，不能有絲毫的馬虎。這些體育器材有的堅硬沉重，有的前端裝有尖利的金屬頭，如果擅自行事，就有可能擊中他人或者自己被擊中，造成受傷，甚至發生生命危險。

4　在進行單、雙槓和跳高訓練時，器械下面必須準備好厚度符合要求的墊子，如果直接跳到堅硬的地面上，會傷及腿部關節或後腦。做單、雙槓動作時，要採取各種有效的方法，使雙手握槓時不打滑，避免從槓上摔下來，使身體受傷。

5　在做跳馬、跳箱等跨躍訓練時，器械前要有跳板，器械後要有保護墊，同時要有老師和同學在器械旁站立保護。

6　前後滾翻、伏地挺身、仰臥起坐等墊上運動的專案，做動作時要嚴肅認真，不能打鬧，以免發生扭傷。

7　參加籃球、足球等項目的訓練時，要學會保護自己，也不要在爭搶球而傷及他人。在這些爭搶激烈的運動中，自覺遵守競賽規則對於安全是很重要的。

（四）參加運動會要注意什麼？

手腳凍僵了應該怎麼辦？

在寒冷的冬季外出活動，常常凍得手腳發僵。手腳凍僵了，千萬不要在爐火上烤或者在熱水中浸泡，那樣會形成凍瘡

甚至潰爛。那麼正確的方法應該怎樣呢？

1　應該回到溫暖的環境中去，使凍僵部位的溫度慢慢回升。

2　如果在野外，應該設法用大衣等將手腳包裹起來，還可以互相借助體溫使凍僵的手腳暖和過來。

3　最有效的方法是用手搓，透過摩擦增加溫度，促進自身的血液循環，以恢復正常。

（五）校園安全小提示：

1　同學間為什麼不要稱兄道弟

· 有些同學學著電影、電視或小說裡描寫的人物，相互稱兄道弟。同學間親如兄弟本來沒錯，但如果是拉幫結派，形成小圈圈，那就不對了。

· 拉幫結派不利於同學之間的團結。拉了小派別，團結了少數人，必然疏遠了多數人。

· 由於稱兄道弟，盲從「江湖人物」，學「講義氣」，不但不思進取，有的甚至不講原則，合夥在一起喝酒、玩樂，幫「受欺負」的成員打架「出氣」，想歪門邪道「籌措」團體「活動經費」……對社會造成危害，同時也會傷害自己。幾名中學生出於喜好音樂而成立了自己的「樂隊」，這本是件好事，但「樂隊」卻發展成了有「領袖」，有「排名」的小派別。當「領袖」與人糾紛要他們「幫忙」時，樂隊成員竟不分青紅皂白的參加了群毆，結果被警方全部逮捕。

· 拉幫結派後，很有可能與社會上的流氓集團、黑惡勢力

打上交道，既可能引發相互爭鬥，又可能同流合汙，走上犯罪的道路。

2　有人到學校向你「找碴」怎麼辦

· 無論什麼事，不要與對方「私了」，你越是願意「私了」，對方就越會打你的「壞主意」。

· 不管自己是否「占理」，一定要報告老師、學校，如果情況緊急而自己又無法脫身的話，則委託同學幫忙報告。讓學校和警方協調出面解決。

· 絕不能與對方用武力「一分高下」解決。如果事情很大，要馬上打「110」向警察機關報警。

· 如果發生了類似事件，在上學和放學路上一定要小心，最好有同學結伴而行。回家後要將此事告訴家長，不要因為怕家長埋怨而隱瞞。

3　遇到有人向你敲詐勒索怎麼辦

如果同學們碰上有人向你勒索「保護費」，或者以各種藉口要你「賠償」時，應採取以下措施：

· 立即向學校、警官報告，你越怕事，越不敢聲張，不法之徒就越囂張。

· 不答應對方的要求。要相信警方、學校和家庭都能為你提供安全的保護，只有在這樣的情況下，壞人才不敢威脅侵害你。如果屈服於對方，輕易得手的「灰狼」會永遠盯上你這只「肥羊」。某校一名學生遭到外校生勒索後，不敢聲張，拿了奶奶給自己的五千元「壓歲錢」乖

乖「交上去」，結果到警方破案時，他已經被敲詐走了近兩萬元！

・如果無法脫身，可以藉口身上沒錢，約定時間地點再「交」。然後立即報告學校和警察機關。警方會及時採取行動抓捕壞人，他就再也不能傷害你。

學校安全隱患自查表

安全工作制度

・是否成立了安全工作小組
・是否制定了安全工作實施方案，是否制定了學校突發事件應急預案
・是否制定了安全責任追究制度，是否層層簽訂了安全管理責任狀
・是否建立了安穩工作紀錄，是否落實每週檢查一次制度

安保防範措施

・是否成立了校園巡邏隊
・是否聘請了專職警衛
・警衛管理制度建設及警衛管理情況（警衛工作人員年齡、身體狀況）

安全教育

・是否開展預防溺水事故的安全教育專題活動，學校是否開設游泳常識課
・是否建立家、校、社會防控體系做好預防溺水事故，

學校要以印發家長通知書、召開家長會、進行家訪等形式，加強與家長的溝通與聯繫，取得家長的支持和配合，增強家長的安全意識，使家長在學生上學放學路上、節假日期間等脫離學校和老師監管的時段，切實擔負起監護人的責任

- 督促社區（村）在河、溪、塘邊設立安全警示牌，在事故易發、多發地設立義務監督管理員
- 嚴禁中小學生私自下水游泳，擅自與同學結伴游泳，不在無家長帶領的情況下游泳，不到無安全設施、無救護人員的水域玩耍、游泳
- 是否對師生進行消防安全教育，是否定期進行應急演練
- 是否經常對學生進行交通安全教育

校園周邊環境

- 周邊是否設置有毒、有害、易燃、易爆或其他危險品
- 高壓電設施是否符合國家規定的要求
- 校園周邊區域的山體、水流對學校建築物、活動場所、通道等是否存在安全隱患
- 校園附近是否有學校標誌，學校門前是否有禁停、警示、限速標誌線，過街路是否有人行斑馬線
- 學校周邊有無不良集團敲詐、勒索學生現象及其他違法行為
- 學校周邊有無設立電子遊戲場所，兩百公尺內有無網咖、文化娛樂設施，是否符合規定，有無非法經營的報

刊點、影音店、小賣部、飲食攤點等

· 學校周邊是否存在其他危害學生安全的隱患；有無安全防患措施

· 校內及周邊人員（工作人員、學生、居住人員）有無心理、精神異常情況，有無因家庭矛盾、未滿足其訴求而產生報復社會念頭，進而引發校園安全事故的安全隱患

活動安全

· 因故調整上課時間造成學生非正常節假日放假，學校是否落實提前通知家長

· 學校舉辦文藝、體育、慶典等大型活動，是否有安全防護措施，進出場是否有專人維持秩序和進出場動線安排

· 學校是否掌握有特定疾病，特異體質，心理異常的學生，在教育教學活動中是否採取相應防護措施，必要時通知監護人

· 學生參加校外活動是否制定預案，配備救護藥品器材，每班有兩名以上教師全程陪護和管理

· 上實驗課、體育課教師是否嚴格按教學安全操作規程進行，向學生說明注意事項，並把規則張貼在顯著位置

食品衛生

· 學生餐廳「三證」是否按時辦理，餐廳食品的購買、運輸、儲存、加工是否符合衛生標準和要求；是否堅持食品四十八小時留樣以防出問題？

· 學生餐廳建築、設施是否符合衛生標準及安全要求；鍋

爐房、蒸氣管道、蒸櫃等廚房設施設備是否做到定期檢查，防止洩漏措施是否完善

- 學生餐廳設備是否嚴格執行消毒制度；用水是否符合飲用水標準；餐廳工作人員是否特殊著裝工作；防範季節性等流行性疾病和傳染病的措施是否落實
- 校園各功能室所有無定期消殺蟲鼠並消毒；是否有計畫對全體師生定期進行有針對性的衛生健康教育
- 是否對校醫務室藥品採購品質把關、定期檢查有效期等衛生標準和有關要求

用電安全

- 是否對冷氣機（室內外）、電風扇、照明燈吊掛牢固情況定期檢查，能否正常使用
- 教室、實驗室等各功能室線路有無裸露、老化；照明設備是否處於正常狀態和定期檢查記錄維修情況
- 電器插座是否安全，電器設施是否完善
- 教室、實驗室等各功能室的電線、插座等用電設施設備是否定期檢查
- 校園內電網鋪設及電器設備是否符合標準，樓梯走道是否有照明設施

寢室管理安全

- 寄宿制學校要配備教師或管理人員專門負責管理學生宿舍，是否落實夜間值班、巡查制度。
- 宿舍緊急頻道是否通暢，學生是否進行過應急訓練

· 寄宿制學校教學樓、走廊是否有應急照明燈等安全應急
　管理措施

第 5 章　警惕校園意外─校園安全篇

第 6 章

交通規則我知道 —— 交通安全篇

過馬路注意安全 —— 教育孩子遵守交通規則

幼稚園一個五歲小男孩從幼稚園放學後，由奶奶接回家。當奶奶牽著他的手過天橋時，頭上的帽子忽然被風吹走，男孩不顧奶奶勸阻就去追趕帽子，結果在天

橋下被車撞倒。經搶救無效，宣告死亡。

現在的交通可以用一個詞語來形容 —— 車水馬龍，車多了，的確是件好事，但也給人們的安全出行帶來了隱患，小學生上學放學和外出活動，幾乎天天都在馬路上行走，如果不注意安全，不掌握安全過馬路的要領，結果往往會喪命於飛奔的車輪下，這將會給社會和家庭帶來多大的損失啊！為了悲劇不再重演，我們要共同遵守交通規則。

其實，很多孩子過馬路時，都會對掉在地上的物品本能的去追撿，這是非常危險的。對此，家長一定要從小教育孩子了解交通安全規則並遵循交通規則。

【場景小故事】

場景一

小剛在車來車往的馬路上穿行，過往的車輛看見前面的小剛，有的放慢了速度，有的來個急煞車，小剛也是東躲西閃的，太危險了。在小剛左側不遠處就是斑馬線，過馬路是要走斑馬線的。小剛如果看到對面綠燈亮時，去走斑馬線的話會用

更短的時間走過馬路，來往的車輛也會更加安全地行駛。

場景二

史小姐六歲兒子濤濤是個「調皮鬼」，每次在上學與放學的路上就愛和同學在馬路上你追我趕。有時玩到開心時還在馬路伸開雙臂奔跑……

一天，提前下班的史小姐剛好看到孩子在馬路上狂奔，真是捏了一把冷汗。她告訴孩子在馬路上不要嬉戲奔跑，這樣很危險，結果濤濤就頂嘴說：「朋友都這樣，不是都沒事嗎？」

看著濤濤倔強的模樣，史小姐怒火中燒。孩子大了，打又打不得，沒辦法，史小姐只好每次在兒子出門前，一遍遍追著喊：「路上要小心，不要在路上玩耍嬉戲，要看紅綠燈……」濤濤小嘴一撇，不耐煩地回答史小姐：「知道了，媽媽。」說著一溜煙跑出了家門。

除了不停地嘮叨濤濤，難道就沒有更好的方法嗎？史小姐決定換個方式給孩子講交通安全。於是，好長一段時間，看到兒子出門時，史小姐都忍住不發表任何意見，一邊卻悄悄地收集有關交通事故新聞、圖片，尤其是學生發生交通意外和有關交通安全的宣傳資料。

後來，史小姐把收集到的資料和圖片裝作不經意地給兒子看，然後與兒子一起讀報紙，看那些新聞圖片，並對兒子說：「記住，以後不要在馬路上嬉戲了。」濤濤認真點了點頭說：「記

住了。」史小姐悄悄跟蹤過兒子幾次，發現他真的跟以前判若兩人了。特別遵守交通規則不說，還給其他的朋友上課呢！

【安全知識課堂】

交通安全人人有責，但在現實生活中，在安全過馬路問題上，往往有一些不良行為出現，這其中不乏成年人。分析各種原因要麼是不夠重視，要麼是不知法律如何規定。其實，如此不負責任的行為很容易造成交通安全事故。不管怎樣，小孩子是把成年人作為榜樣的，所以大人的一舉一動都會對孩子有著潛移默化的影響，如果孩子有樣學樣，那家長如何正確教育孩子要遵守交通規則呢？

從小我們就學習唱「紅燈停，綠燈行……」這首兒歌，它告訴我們一些基本的安全常識。現在的交通更是繁忙，孩子無論是放學回家，還是隨父母外出購物，家長都要時刻注意安全，並及時把安全知識傳授給孩子。家長主要從以下幾個方面教育孩子安全過馬路：

1　要走行人穿越道。通常馬路上都設有行人穿越道，也叫斑馬線，這是專門供行人過馬路時使用的。汽車遇到行人通過行人穿越道的時候，會主動減速和避讓。行人只有在行人穿越道內橫穿馬路，才能有效地保障自身的安全。

2　要看紅綠燈。馬路上的紅綠燈是疏導交通的核心，它指示行人和車輛通過路口。遵守紅綠燈指示是安全通過路口最

重要的保障。當行人過馬路時一定要遵守「紅燈停，綠燈行」的規則，不要從車前或車後突然橫穿馬路，防止來往車輛煞車不及釀成事故。

3 不得跨越安全島。安全島是為分清來往車輛分道行駛而設置的有效防護設施。在有安全島的地方，不能直接過馬路，要走地下道或過街天橋。跨越安全島是非常危險的，如果因為行人跨越安全島而造成交通事故，行人要承擔全部責任。

4 不進入高速公路、高架道路或有人行隔離設施的機車專用道，不在路上追車、強行攔車或向車輛投擲物品。

5 過馬路的時候，要看看是否有轉彎的車。家長要教會孩子認識車輛是否要轉彎，這只要看車燈就知道了。如果車為左前燈眨「眼睛」，那就意味著車要左轉彎；如果車的右前燈眨「眼睛」，就意味著車要向右轉。當車要轉彎的時候我們應停下來，讓車過去了再過馬路。

6 過馬路的時候，能過則過，過不去就等下一個綠燈。

7 過馬路時不要一心兩用，邊走邊看書，邊走邊想問題，邊走邊聊天，邊走邊玩……這樣做，可能會不自覺撞到行走的車子上，這是十分危險的。

馬路上玩不得 —— 不要在馬路上玩耍

現代生活中交通事故已成為孩子意外傷害的「第一殺手」。孩子幼小的生命之花，還來不及開放就在瞬間凋謝。有人比

喻，道路交通法規是用親人的淚水、死者的鮮血、傷者的呻吟和肇事者的悔恨換來的。

即使是這樣，我們仍然還是看到有孩子在馬路上賽跑、打鬧，這對孩子來說是非常危險的。一旦司機沒有看到在馬路上的孩子，或看到了來不及煞車，就會發生難以預料的危險。因為馬路上來來往往的汽車速度很快，就算立即停車，由於慣性也會繼續向前衝很遠，很可能撞到正在奔跑、玩耍的小朋友們。

每一起車禍都是我們不願看到的，而每一起事故都會牽連著很多人的心，都會有親人的眼淚，而相信每一個正常活著的人都不希望親人們去發生什麼不好的事情，雖然有些事情我們預料不到，或者控制不了，可是我們可以提醒親人或孩子預防事故的發生。

每天上下班都能看到很多孩子在馬路邊跑著，打著笑著的在玩耍，看著孩子們臉上的笑容和孩子開心的樣子，相信每一個家長此時都是開心的，可是有的時候災難就會在此時發生，而來來往往的車輛正在隨時威脅著孩子們的安全。

【場景小故事】

場景一

夏天的午夜，高速公路指揮中心的報警電話驟然響起，電話那頭傳來一個急切的聲音：有一個小男孩在附近車道上溜直排輪，實在是太危險了，幸好避讓及時，未造成後果。隨後的

幾分鐘裡，指揮中心又相繼接到類似報警。

男孩深夜在高速公路上溜直排輪，讓人捏了一把汗。接警後，警察馬上指揮就近巡邏車前往查看。一分鐘、兩分鐘、三分鐘……時間仿佛過得特別慢，男孩的安危分分秒秒揪著警察的心。十分鐘後，警察終於發現那名小男孩。男孩當時正在超車道搖搖晃晃地往前滑行，過往車輛紛紛避讓，煞車聲此起彼伏，情況相當危險。警察立即上前將他帶離車道，脫險的小男孩一臉茫然，渾然不知自己身處險境。

經詢問得知，小男孩是一名小學生，白天出來玩時迷失方向，找不到回家的路，迷迷糊糊中進了高速公路。

場景二

兩個小朋友在馬路邊一起玩耍時，被一輛貨車撞倒，其中一個孩子當場死亡，另一個被送往醫院後，經過五十多個小時的搶救，保住了性命，但兩條腿被車輪碾斷了。幾年來，他就靠雙手一點點地挪著移動，生活難以自理。

場景三

一天，四歲的蕊蕊趁媽媽不注意跑到了馬路中間去玩耍，並且在馬路上跑來跑去，她覺得在車輛中穿行很有趣。突然一輛轎車疾馳過來，司機看到蕊蕊的時候已經離蕊蕊很近了，他只好打急轉彎，結果車撞到了路旁的花叢裡。司機很惱火地問：「誰家的孩子，在路中間跑來跑去？」媽媽這才發現是蕊蕊跑到

馬路中央去了，她的臉嚇得變白了，急急忙忙跑過去給司機道歉，蕊蕊則嚇得大哭起來。聽到司機描述當時的情景，媽媽後怕不已，由於自己一時的疏忽，差點釀成大錯。

【安全知識課堂】

　　有報告顯示，道路交通傷害已成為兒童意外傷害的第二大主要因素。每十起兒童道路交通傷害中，就有四起受害者是兒童步行者。雖然一些事故屬於意外，並不是孩子的過錯，但如果社會和家長能在平時注重一下對孩子的交通安全教育，意外和悲劇完全有可能避免。

　　有的家長對孩子教育不周到，是覺得孩子已經大了，有自己的判斷能力了，可是孩子畢竟是孩子，玩起來早就把家長的話放在腦後了，所以這部分的家長真是得加強這方面的管理，還有些孩子就是不聽家長的話，因為沒有發生什麼事情，當然怎麼玩開心，怎麼玩刺激就怎麼玩，這兩個原因讓孩子處在危險地帶。

　　因為在馬路上跑的車子，有很多的馬路殺手，有的是剛學會開車的人，還不怎麼會開車，當然也有開快車的，還有喝醉酒的司機，當然還有一種就是車子故障的，那就是再好的司機也控制不了車子的速度和方向的，如果此時的孩子再在馬路上玩耍，想想是不是很危險呢！

　　相信家長都非常關心孩子的安全，因為孩子是家庭的希

望。所以家長一定要做好孩子的安全教育，讓他們遠離馬路玩耍，消除安全隱患。要做到以下幾點：

1　教育孩子不論玩什麼遊戲都要到相應的場所中去，不能把馬路當作遊戲的場所。更不可以到馬路中間去玩，即使有皮球或其它玩具滾到馬路中間去，也不可以自己撿回，而是應該告訴父母，讓父母代為撿回。

2　不論是什麼時候都不要在馬路上停留，更不要在馬路上追逐打鬧推擠。讓孩子知道，如果在馬路邊玩，也許會被車撞到，那樣就會流很多血，也許還會有生命危險。

3　過馬路時要按交通規則迅速走過。遠離馬路，關愛生命。

4　家長也可以結合生活中交通事故的例子，對孩子進行教育，讓孩子深刻體會到在馬路上玩耍的危險性。

乘車是大有學問的 —— 孩子乘車注意安全

汽車基本上成為了居家必備之物，越來越多的兒童也成為了汽車乘員。由於兒童年齡較小，加之其身體的特殊性，他們安全乘坐的要求就更高。那麼兒童究竟應該坐在哪裡才會安全？

這是每一個有孩子的家庭都會面對的問題，在一個有車的家庭中，孩子是車上的「常客」，也是最需要受到特別保護的弱小乘客。但是，那些平時習慣於以車代步的家長中，很少有人留意過關於兒童乘車的保護問題，甚至一些家長的做法已經危

及到孩子的安全，只是他們自己卻渾然不知。

　　孩子是爸爸媽媽的掌上明珠，安全也是為父母者所要考慮的第一要務，當我們抱著孩子開車出門的時候，很多人為孩子繫上安全帶或是抱著孩子坐在車裡，認為這樣「全副武裝」就很安全了，那孩子真的就會「萬無一失」了嗎？其實並非如此，孩子乘車是有大有學問的。

【場景小故事】

場景一

　　在醫院四樓的病房裡躺著一個六十九歲受到驚嚇後還心神不定的曾老太太，另一張床上則躺著她的寶貝孫子。原來，曾老太太要帶著孫子到市區去買東西，他們在家門口上了通往市區的公車，由於人多，曾老太太就和孫子擠在了中間一排的一個位置上。當車行駛到市中心時，來了一個九十度疾速大轉彎，沒有坐穩的小孫子就被甩了出去，曾老太太緊張地叫司機停車。沒想到的是，就在公車急煞車的一瞬間，曾老太太也隨車而倒。

場景二

　　一輛遊覽車和一輛載著鋼軌的貨車相撞了，貨車上有一乘客死亡，嶄新的遊覽車車頭已被擠痛，坐在客車前排的小女孩和一名四十二歲的中年男子受了傷。發生事故時，巨大的撞擊

力與慣性導致他們前衝，撞上擋風玻璃。小女孩受傷較重。同樣是頭撞擋風玻璃，為何小女孩的受傷較重？那是因為，成年人的頭部僅占整個體重約百分之六，而嬰兒頭部重量相當於全身重量的一半，三歲和六歲兒童頭部的比重，分別為整個體重的百分之十八和百分之十六。一旦發生正面碰撞。坐在前排的人頭部先是被甩向前下方，接著又被甩向後上方，孩子的頸部根本無法承受這樣的力量。恰巧小女孩的身上沒有安全帶的保護，自然受傷更重一些。

【安全知識課堂】

當孩子有了比較明顯的自主意識之後，要讓他乖乖地坐在車內的安全座椅上的確是件不容易的事，這就是家長的功課了。不過，關於孩子安全乘車的一些保護重點，還是要銘記於心。

雖然汽車安全座椅能夠在保護孩子安全這方面發揮非常重要的作用，但也要建立在正確使用的前提下。因此一定要注意安全座椅是否穩固及孩子與車窗門鎖和夾縫之間的安全性等這些小細節，細節雖小而多，但這都是乘車不可忽視的安全重點。有一些注意事項家長還是要懂得。

1 穩定孩子的情緒，這對乘車安全很重要，可想辦法與孩子做一些互動，例如攜帶可讓他安心的小布娃娃或益智玩具適當轉移他的注意力。

2　給孩子買玩具汽車，讓他有學習「開車」的機會，順便教導他駕駛和乘車安全的注意事項。可利用車內的設備告訴孩子坐車的禮儀與規矩。

3　為孩子關閉致命的安全氣囊：安全氣囊是保護車內乘客的，可是對於孩子來說，它可能是致命的。安全氣囊會在釋放氣體時產生很大的力。無論碰撞激烈還是緩和，一個小小的撞擊也會讓氣囊以兩百至三百公里／小時的速度打開。這使得兒童承擔著窒息的風險。在這種情況下，兒童頭部會受到無法承受的壓力。當兒童與氣囊距離非常近的時候，氣囊撞擊兒童頭部的力量可高達幾百公斤，遠遠超過兒童的承受能力。

4　要告訴孩子乘坐公車的安全重點，比如站車廂內要抓好扶手，坐座位上不要亂動，不在車廂內蹦跳玩耍。

5　乘車時不要把頭、手、手臂伸到窗外，以免被對面來的車或路邊樹木等刮傷。不要向車窗外亂扔雜物，以免傷及他人。

6　乘車時盡量不要吃食物，尤其要避免吃硬殼類食物，無論是在平坦的道路上，還是在顛簸的山路上乘車都不要吃顆粒狀、硬殼類的食物，如花生、蠶豆等。以免在車輛緊急煞車、變線、顛簸時被食物噎住，發生危險。

7　如果坐在座位上，要抓住座椅前的扶手，不能只顧著低頭看書報，以免急煞車時撞到頭部或者從座位上跌下來。此外，由於車廂內晃動不穩，書會隨著車輛的顛簸而來回晃動，書與眼睛的距離不定，為了看清楚，眼睛就需要不斷

地進行調節，容易使眼睛疲勞而造成近視。乘車時不要打盹、睡覺、聽音樂，以免摔傷、碰傷或坐過站。

8　超載車不要坐，如果車輛超載，極易因輪胎負荷過重、變形過大引發爆胎、突然偏駛、煞車失靈、轉向失控等，導致交通事故的發生。下車後不要從車前面穿過，等車開走後，看清左、右的情況再過馬路。

雷雨天出行注意安全 ──
教孩子雷雨天安全知識

俗話說：「六月的天，小孩兒臉，說變就變！」這句話說的是夏天的天氣，就像孩子的臉一樣多變。也許剛剛還是萬里無雲的大晴天，下一分鐘就是烏雲滾滾，雷聲陣陣了。雷陣雨是夏天最常見的天氣之一，可別小看這小小的雷電，它們可不僅僅是虛張聲勢地嚇唬人，每年因為雷電而失去生命的人大有所在。

雷電災害被聯合國有關部門列為「最嚴重的十種自然災害之一」。據媒體報導，雷擊事件不斷發生，雷擊造成人員傷亡、多處供電事故。因此遇到雷雨天氣，大家要提高安全意識，警惕意外傷害的發生。

雷雨在帶來寒意的同時，也給人們的出行帶來不便。由於路滑、視線不好、道路情況複雜等原因影響了行人和車輛的正

常行駛，一些行人和騎車的人頻頻摔傷，交通事故也較往日增多。如果孩子在沒有家人的陪伴下剛好遇到雷雨，不懂得一些基本的安全常識，是很危險的。

【場景小故事】

場景一

張小姐駕車在某一路段由南向北行駛，當時是雷雨交加，路況非常差。行駛到一處民宅時，有兩個沒有成人照顧的小孩從民宅內相互追逐避出。張小姐急忙踩煞車，第一個小孩看到車後閃開，第二個小孩由於奔跑較快且與車距離較近，與車右前角相撞倒地。車右前方受損。張小姐趕快將受傷的孩子送至附近醫院救治，經過檢查發現孩子的右腿骨折。

場景二

七月的一天，六歲的峰峰和阿姨家的表哥魯魯在社區的綠地玩耍，天氣突變，雷聲轟鳴，眼看要下雨了。峰峰催促表哥快回家，但表哥坐在社區的蹺蹺板上不肯下來，峰峰只好陪表哥一起玩。

沒一下，大雨就伴著電閃雷鳴下了起來，兩個孩子慌了神，魯魯拉著峰峰躲到了綠地的一棵大樹下。峰峰突然想起爸爸說過，雷雨天氣不能在大樹下避雨。於是，他拉起魯魯的手，就往路邊的一個小超市里跑，剛跑進超市，就聽天上又打

了一個雷，只聽「咔嚓」一聲，回頭看時，他們曾躲雨的那個大樹的一根樹枝已經被雷電擊落在地上了。幸好峰峰懂一點雷雨知識，這才救了自己和魯魯的性命，多驚險啊！

【安全知識課堂】

雷雨天氣大家都會盡量避免外出，但是也難免會遇見突發情況。孩子年齡尚小，對於一些雨中的安全尚不了解。所以，家長一定要提早告知孩子在雷雨天氣所應注意的事情。畢竟，家長不可能時時刻刻都待在孩子的身邊替他遮風擋雨。孩子只有掌握了這些必需的安全知識，做家長的才會放心。

1　雨天出行最好選擇穿明黃色等豔色雨衣，這樣容易被駕駛發現，特別是在夜晚，最好不要穿灰色、藍色雨衣。要讓孩子知道，在雷雨天氣千萬不能在大樹下避雨，也不宜靠近建築物的外牆和電氣設備，應停留在離電力線或電氣設備 1 公尺以外的地方。

2　由於穿雨衣或打雨傘都會遮擋人們兩側的視線，因此建議在雨中橫穿馬路時要格外注意車輛。在觀察左、右無車後再橫過馬路，如果直接橫穿馬路容易造成危險。必要時，一定要把雨衣帽摘下來觀察路況，切勿怕麻煩而盲目轉彎、奔跑。特別是起風時，要提防雨衣被刮起而遮住臉部。

3　在遇到較深的積水處時，最好是繞行水淺的路段。如果沒有找到水淺路段，那就一定要放慢速度後再行走，以免摔

應趕快趴在地上，這樣可以減少遭雷擊的危險。

不要闖紅燈 —— 教孩子認識交通號誌

　　從兒歌裡都知道：過馬路，左右看，紅燈停，綠燈行。可現實生活中往往看到許多人對交通號誌都是視若無睹，管你是什麼燈照闖不誤（多數是行人和單車），讓人感到更可悲的是，許多學生也成為違規的主力軍了，更讓大家難過的是，居然會看到有些父母領著孩子闖紅燈的場景。不難想像，在這種言傳身教下的孩子今後很難會有良好的遵守交通規則的意識和行為。從小要培養孩子遵守交通規則的良好習慣，父母責無旁貸！

　　在所有兒童交通意外中，超過四分之三的孩子是在道路上受傷的。據專家分析，兒童發生道路交通意外主要有兩種情況：兒童突然出現在車道上，或兒童從車前或車後突然竄出。在兒童事故中，其中約半數是因為兒童自身違法行為而引起。中午和下午放學時段是事故的高發時段，且事故通常發生在步行、騎車及乘車時。

【場景小故事】

場景一

斌斌每天最高興的時候，就是和爸爸媽媽吃過晚飯後去散

步，那個時候的斌斌就像個被解開韁繩的小馬駒，一路上活蹦亂跳的，但是爸爸媽媽卻不怎麼輕鬆，時刻要注意斌斌的一舉一動，而且斌斌還不讓大人牽著他的手，非要自己走。這不，爸爸媽媽剛停下來說話的功夫，就聽見斌斌的哭聲傳來。原來，斌斌趁爸爸媽媽不注意的時候，看見馬路上沒有車，就大膽衝了過去，誰知道轉角路口處突然駛出一輛腳踏車。於是，斌斌不偏不倚的被撞在了地上！幸好腳踏車的車速沒有多快，所以斌斌的傷勢也沒有大礙。

於是這一路上，爸爸媽媽就不斷的和斌斌講著，看到有車過來，要及時避讓，不要橫衝直撞的，不然讓車碰到你，受了傷，爸爸媽媽會心疼的，看著斌斌眼淚未乾、似懂非懂的樣子，爸爸媽媽覺得自己好像白說了，但是耐心要有，還是要不斷的和他說，相信有天斌斌會知道怎麼在馬路上有自己的安全意識，知道怎麼遵守交通規則了！看到紅綠燈，也要和斌斌說，紅燈停，綠燈行，黃燈亮了要小心，行人要走斑馬線。儘管每天重複這些東西不免有些嘮叨，但是為了斌斌的安全，爸爸媽媽還是不厭其煩的講了又講。

場景二

軒軒從幼稚園回家以後，便和朋友們在社區裡面玩耍，也許是玩的太瘋了，就把媽媽平時告訴的安全事項給拋到腦後了。結果就出現了令大家傷心的一幕。當時，一輛小汽車從社

區通道經過，司機也看到前面有很多小孩子在玩耍，於是就放慢了汽車速度。也按響了喇叭，聽見喇叭聲在通道上玩耍的孩子開始慢慢散去。誰知道這個時候，軒軒匆忙從路旁的花叢中跳了出來，司機根本就沒有看見他，沒來得及踩煞車。軒軒就這樣被車給撞了出去。等到司機急忙下車的時候，軒軒已經沒有了呼吸。

【安全知識課堂】

過馬路時，我們發現許多人都在毫無顧忌地闖紅燈，這裡面也不乏領著孩子的父母。綠燈還沒有亮起時，他們就迫不及待地拉著孩子的手從斑馬線上穿過去，左閃右躲身段十分靈活。

不知道這些父母是否想過自己的做法給孩子帶來了怎樣的影響？以後孩子自己過馬路的時候，父母是希望他多等一下，還是希望他也像自己一樣不顧危險從車流中穿行而過呢？如果父母經常對孩子進行交通安全教育，給他講一些交通安全的規則；如果父母在過馬路時給孩子做出了好的榜樣，流血事件就不會再發生了。正是父母的大意和放任，讓天真活潑的孩子受到了原可以避免的傷害。現在，城市的街道上、巷子裡人擠車多，鄉村的街道、馬路上車輛和行人來往也不少，交通事故常有發生，其中兒童遇車禍的情況也較多。從小教育孩子了解和遵守交通規則，是非常必要的，主要應從如下幾個方面著手：

1　父母在帶孩子過馬路時，應該告訴孩子紅燈、綠燈、黃燈

的意義，以及闖紅燈將會來帶來的危險和傷害，並讓孩子認識斑馬線，告訴孩子過馬路一定要走斑馬線。

2　孩子不同於成人，僅靠說教也許不能引起他的注意，因此父母要將這些道理反覆地向孩子講，並且要以身作則，自己堅持不闖紅燈，過馬路一定走斑馬線，用自己的行為給孩子做出好的榜樣。

3　父母要告訴孩子，不僅僅是在車輛多的時候不闖紅燈，即使沒有車輛穿行也不能存有僥倖心理去闖紅燈，要嚴格遵守交通規則。

4　父母應提醒孩子，過馬路不僅要觀察交通號誌，還要注意左右看，觀察周圍是否有車輛通過，因為有些開車的司機會不遵守交通規則。

5　當孩子學會了如何過馬路後，父母還應告訴他，過馬路時在保證安全的同時應加快步伐，迅速通過，以免遇到綠燈突然變紅燈的情況。

6　有時即使遵守交通規則也會遇到某些意外情況。比如，過馬路時綠燈突然變成紅燈，父母要告訴孩子，遇到這種情況千萬不可強行通過，更不能與車輛「賽跑」，這樣極易引發交通事故。最好待在原地不動，並時刻注意身邊通過的車輛，以免被擦撞到，等綠燈亮了之後再通過。

腳踏車煞車突然失靈了 —— 孩子騎車安全細節多

　　城市車輛日益增多，城市交通安全隱患也日益加大，交通事故更是頻頻發生。如今，道路上除了眾多的機動車輛，人們還可以看到不少十一、二歲的孩子騎著腳踏車在大馬路上穿梭自如，而這些孩子卻絲毫沒有察覺其間的巨大隱患。

　　腳踏車輕巧靈活，車速自便，維修簡單，並且不使用燃料，無廢氣汙染，無雜訊，因此受到大家的青睞。但是，腳踏車靠騎車人用雙腳踩動踏板，由鏈條來帶動後輪向前滾動，在行進時要用雙手握住車把來掌握重心，控制方向。所以穩定性差，安全性差。一碰即倒，一倒人就傷。

　　孩子的交通安全意識不足，實在是個令人擔憂的狀況。由於缺乏系統的交通安全知識教育，有些孩子把騎腳踏車上學看作是一種「時髦」、好玩；有些孩子邊騎車邊追逐打鬧相互超車，有的孩子似乎沒有「紅燈停」的習慣，經常會看到有的學生在交警口哨和喊聲中闖紅燈。更有甚者竟錯誤地認為：大人騎車應該給孩子讓路，開車也不敢撞孩子，於是乎，孩子騎車不管不顧肆無忌憚。

　　殊不知，交通事故可不分大人孩子。況且，從生理因素上講孩子騎車本來就比大人更有危險性。所以說，作為家長在關心孩子生活學習的同時，有責任經常性地教育強化孩子的交通安全意識，這不僅是對孩子負責，也是對社會負責。

【場景小故事】

場景一

　　錦溪的媽媽以前總認為孩子在外面騎腳踏車要當心，在自己家裡的話就由著她玩去吧。可沒想到，恰恰就在家裡出事了。那天媽媽在包餃子，而錦溪自己在屋裡騎車玩。車比較高，所以她上下不太方便。要下車的時候，錦溪有點害怕，於是就叫媽媽去扶她，可是媽媽當時正包著一個餃子，就叫錦溪等兩分鐘。可孩子性子急，等不了，自己就扶著旁邊的桌子下車。因為下的時候沒扶穩車把，車歪倒了，她摔了下來，腳踏車正好壓住了她。等媽媽聽到錦溪的慘叫聲跑過去時，發現她的一隻手臂動不了了！送到醫院，醫生說是骨折，治療時，錦溪撕心裂肺的哭聲讓媽媽既心疼又自責，明明是自己在家裡照顧著孩子，卻還是讓孩子受了那麼大的傷！

場景二

　　朧月前段時間學會了騎兩輪腳踏車，興致高的不得了，有空就在社區裡騎著玩，而且騎得很快。媽媽告訴她，遇到緊急情況要煞車，並且也教她怎麼用了，可能是由於年齡較小的原因，朧月說她捏不動煞車。因為車比較矮，女兒就用腳踩地的方法來煞車。

　　媽媽本來想去修車師傅那兒調一下，可人家說調不了。看看這車其他地方都很好，於是媽媽就想過一年再給她換輛尺寸

大點兒的新車。

　　不久，朧月騎車經過社區的一個路口，正好一輛汽車開過來了，女兒有點兒害怕，趕快用腳踩地，可是腳踏車帶著慣性還在往前走。幸好司機停下來了，否則非撞上不可，這下可把媽媽給嚇出了一身汗。第二天就帶著朧月買新腳踏車去了，而且帶著她去，讓她自己試煞車。

【安全知識課堂】

　　現在的孩子幾乎每人都有一輛小腳踏車，並且騎車騎的得心應手，但是常有孩子因為騎車而受傷的事發生。要讓他騎車騎得高興，又讓家長放心，那騎車方面的安全事項，可是一樣都不能少！應注意以下幾點：

1　幫孩子選一輛安全的腳踏車，不要買二手車，不給盜賊銷贓以便利。應經常檢查車輛自身的運轉情況是否正常，煞車是否有效，車胎氣足不足，確保車況正常。否則，行車途中將帶來許多安全隱患。

2　告訴孩子騎車時要集中注意力，不要東張西望。靠路邊騎車，不要往路中間騎。騎車時盡量走直線，這樣別人便於判斷，做出避讓。不要騎車載人，也不要被載。

3　如果自己上下車不熟練，父母又不在身邊，要求助於其他成人。如果車輪被小棍、小樹枝別住了，自己不要把手伸到車輪裡去試圖把小樹枝弄出來，讓爸爸媽媽來解決。騎不穩要摔倒時，不要管車，先保證自己站穩了。如果站不

穩，盡量用手撐地。

4　嚴格遵守行車規範，尤其交叉路口要遵守交警或燈號的指令，行車路線、停車地點都不得違反規定。

5　保持正常的腳踏車運行速度，雙手扶車把，不騎「英雄車」，尤其在人多時更應謹慎駕駛。在下雨、大霧天氣，騎車速度應比平時慢一些，遇危險路段應下車推行。

6　下車即上鎖，遠離時把腳踏車放在安全的地方，如公共停車場或托熟人看管防止被盜。

坐船也有大學問 ── 注意孩子的乘船安全

隨著出行工具的日益多樣化，父母帶著孩子在出門旅遊的時候，就會有多樣化的選擇！輪船是比較安全的交通工具之一，如在春秋季節乘輪船旅行，可以飽覽一望無際大海的美景。藍色的海面、翱翔的海鷗，確實令人心曠神怡。但是也有父母會擔心乘船旅遊不安全，其實不必過分恐懼，只要在旅行中注意以下事項，就可以平安地到達目的地。

【場景小故事】

場景一

外島小學四年級十名數學好手在老師的帶領下，搭船到本島參加數學競賽。當他們來到渡口時，先到的三十名中學生已經先上了船，而且船已超載了。十名小學生怕遲到耽誤競賽，

也勉強擠上了船。這樣，船頭、船尾都站滿了人。他們一路欣賞著風光，十分愜意。船行至一半，由於人多擁擠，一名同學從船頭落水。剎那間，落水者雙手抓住了兩名身旁的同學。隨即，三人同時掉到水中。緊跟著船身失衡，船歪向一側，四十多人全部落水。經過奮力打撈，大部分師生獲救，但是七名風華正茂的中學生和兩名數學「小天才」卻溺水身亡。

【安全知識課堂】

(1) 乘坐合法安全的船隻，即經安全設施，設備檢驗合格的船隻。這些船隻的船體上都標有明顯的經營單位、編號和載客量等。千萬別乘坐不具備安全載客能力的船。

(2) 不要因價格便宜或搶時間而乘坐超載船隻。

(3) 遇有大風大雨、濃霧，千萬不要因行程緊張、急於趕路而冒險乘船。

(4) 上下船時注意安全。要等船完全靠岸，待管理人員繫好拴船的繩索或鐵鍊，放下上、下船的木板後，再小心地上、下船。

(5) 同學們集體乘船時，一定要服從管理人員和帶隊老師的指揮，不要在船頭打鬧或倚坐船頭，以防落水。

(6) 不要攀爬船舷或集於一側。

(7) 平時學會游泳，以便緊急情況能夠脫險。

有些孩子每當乘車乘船或乘飛機時就會發生頭暈、噁心、嘔吐、臉色蒼白、出冷汗和四肢無力現象，醫學上統稱為暈動

病，也就是俗稱的暈車暈船。有暈動病的人往往怕出遠門辦事或旅行，對此很感煩惱。

怎樣防止或減輕這種反應呢？

孩子在乘車、船前不要吃得太飽，也不完全空腹，應適量吃些容易消化的食物。

座位要選擇顛簸比較輕的位置，如在船上應坐中部，乘車則坐在前頭，心情要平靜，不要緊張。

不要觀看窗外快速移動的樹木和電桿等物。

對汽油味敏感者要遠離發動機或選擇迎風處。

穿衣不宜過暖熱，悶熱易噁心。

如果孩子經常暈車，乘船時應備好一些防暈藥物並按照指示服用。

此外，航行途中遇到大霧、大風等惡劣天氣臨時停泊時，要靜心等待，不要船員冒險開航，以免發生事故。

兒童交通安全知識集錦

1　安全過馬路

上學、放學和外出活動，我們幾乎天天要在道路上行走。走路要保證安全，這裡面的學問可多著呢！有不少行人，因為沒有掌握好安全過馬路的要領，結果喪命汽車輪子底下。

過馬路時，要選擇有行人穿越道的地方。在這個地方，機

動車的行駛速度通常都要減慢，司機也比較注意行人的動態。在沒設有行人穿越道的地方過馬路，要特別注意避讓來往的車輛。避讓車輛最簡單的方法是：先看左邊是否有來車，沒有來車才走入車行道；再看右邊是否有來車，沒有來車時就可以安全過馬路了。

過馬路不走行人穿越道，隨便亂穿，或者在汽車已經臨近時急匆匆過道路，都是十分危險的舉動。

2　乘車

乘坐公共車輛，應該遵守公共秩序，講究社會公德，注意交通安全。

候車時，應依次排隊，站在道路邊或月臺上等候，不應擁擠在車道上，更不准站在道路中間攔車。上車時，應等汽車靠站停穩，先讓車上的乘客下完車，再按次序上車，不能爭先恐後。上車後，主動讓座給老人、病人、身障人士、孕婦或懷抱嬰兒的乘客。車輛行駛時，要拉住扶手，頭、手不能伸出車窗外。下車時，要依次而行，不要硬推硬擠。下車後，應隨即走上人行道。需要穿越車道的，應從人行道通過；千萬不能在車前車尾急穿，這樣很不安全。

3　道路不是遊戲場

道路是為了交通的便利而建造的。道路上車輛川流不息。交通十分繁忙，如果我們隨意地在道路上玩耍、遊戲、追逐，

把它當作「遊戲場」，放學以後在道路上踢足球、打羽毛球，既妨礙車輛的通行又會被車輛撞傷，是不允許的。在人行道上跳「橡皮筋」、跳繩、踢毽子，會給行人的通行帶來困難，妨礙交通。在道路上追追打打，車前車後亂穿，甚至相互扔石子，這就更容易出事故了，另外一些孩子，因為不懂得在道路上玩耍的危害性，甚至在道路中間攔車、追車、扒車和向汽車投擲石塊，以此為樂，這是最最危險的舉動，一旦被車撞倒，後果不堪設想。

道路不是遊戲場所，不能在道路上玩耍。我們要互相提醒，勇於勸阻，當一名維護交通安全的「宣傳大使」。

4　避讓轉彎車輛

當汽車的方向燈一閃一閃時，告戒人們，汽車要轉彎了。我們應該注意避讓轉彎車輛。

現代汽車的轉向，都是依靠前輪來轉向的。隨著前輪的轉動，汽車車身也逐漸改變方向。汽車轉彎時所占用的空間往往大於車輛固有的寬度。前輪行駛的軌跡不與後輪的軌跡重合，也就是說，前後兩隻輪子不會走在同一條弧線上，而是有一定距離差別的。這就是汽車轉彎的「內輪差」。由於這種「內輪差」，使汽車轉彎時，前輪可以通過道路的某一物體，而後輪卻不能通過。

懂得了汽車轉彎的基本原理後，我們在道路上碰見轉彎的

車輛時,不能靠車輛太近,不要以為汽車的車頭可以過去,就沒有事情了。其實如果你離轉彎汽車太靠近,就很可能被車尾撞倒。

5 騎腳踏車常識

腳踏車靠騎車人用雙腳踩動踏板,由鏈條來帶動後輪向前滾動,在行進時要用雙手握住車把來掌握重心,控制方向。所以穩定性差,安全性差。一碰即倒,一倒人就傷。

腳踏車首先應該保持零件完好,安全設施齊全,牌、證齊全。出發之前,應該先檢查一下鈴、鎖、煞車、車輪、踏板、鏈條、坐墊等是否完好有效。

學騎腳踏車時,應選擇人車稀少的道路或廣場、操場。禁止在交通繁忙地段學騎腳踏車。

當你已經掌握騎車技術,可以單獨騎車時,你還應該掌握一下幾條騎車規範:

1. 在非車道內行駛,嚴禁駛入一般車道。在沒有劃分車道的道路上行駛,應盡量靠右邊行駛,不能騎車在道路中間,不要並行,逆向行駛。

2. 騎車至路口,應主動地讓機車轎車先行。遇紅燈停止信號時,應停在停止線以內。嚴禁用任何方法闖越紅燈。

3. 騎車轉變時,要伸手示意。左轉彎時伸出左手示意;同時要選擇前後暫無來往車輛時轉彎,切不可在機動車駛近時突然轉彎,爭道搶行。

4　腳踏車在道路上停放，應按交通號誌指定的地點和範圍有秩序地停放；在不設置交通號誌的支路上停放也不要影響車輛、行人的正常通行。

5　騎腳踏車載物，長度不能超過車身，寬度不能超出車把寬度，高度不能超過騎車人的雙肩。騎腳踏車嚴禁載人。

6　騎腳踏車不准在道路上互相追逐、曲折競駛、並排而行。

7　不准一手扶把，一手撐傘騎車。撐傘時，要下車牽車。

騎腳踏車的安全問題是個大問題，在各類交通事故種，腳踏車事故要占總事故的一半以上。腳踏車給人們的交通帶來了便利，腳踏車同時也給人們帶來了不幸。為此，我們應該嚴格遵守騎車規範，避免成為腳踏車的「犧牲品」。

電子書購買

國家圖書館出版品預行編目資料

新手爸媽的六堂安全課，讓孩子遠離「意外」：
食物中毒、電線走火、燒燙傷、誘拐綁架、地
震……生活處處是危險！/ 洪春瑜，吳學剛著.
-- 第一版 .-- 臺北市：崧燁文化事業有限公司，
2021.12
　面；　公分
POD 版
ISBN 978-986-516-912-1(平裝)
1. 親職教育 2. 安全教育
528.2　　110018258

新手爸媽的六堂安全課，讓孩子遠離「意外」：食物中毒、電線走火、燒燙傷、誘拐綁架、地震……生活處處是危險！

臉書

作　　　者：洪春瑜，吳學剛

發 行 人：黃振庭

出 版 者：崧燁文化事業有限公司

發 行 者：崧燁文化事業有限公司

E - m a i l：sonbookservice@gmail.com

粉 絲 頁：https://www.facebook.com/sonbookss/

網　　　址：https://sonbook.net/

地　　　址：台北市中正區重慶南路一段六十一號八樓 815 室
Rm. 815, 8F., No.61, Sec. 1, Chongqing S. Rd., Zhongzheng Dist., Taipei City 100, Taiwan (R.O.C)

電　　　話：(02)2370-3310　　　傳　　　真：(02) 2388-1990

印　　　刷：京峯彩色印刷有限公司（京峰數位）

定　　　價：380 元

發行日期：2021 年 12 月第一版

◎本書以 POD 印製